STORYBOOK

Vol. 1

Stories in Simplified Chinese and Pinyin

300 Words Vocabulary Level

B.Y. LEONG

Copyright © 2019 B.Y Leong

ISBN: 9781086549850

All rights reserved. This book or parts thereof may not be reproduced in any form, stored in any retrieval system, or transmitted in any form by any means—electronic, mechanical, photocopy, recording, or otherwise—without prior written permission of the publisher, except as provided by applicable law.

Any references to historical events, real people, or real places are used fictitiously. Other names, characters, places and events are products of the author's imagination, and any resemblances to actual events or places or persons, living or dead, is entirely coincidental.

Edited by Y.L Hoe

Book Cover by Sok Yeng Leong

Publisher:

Leong Bik Yoke

C1013 Centum@Oasis Corporate Park,
No.2, Jalan PJU1A/2, Ara Damansara
47301 Petaling Jaya, Selangor
MALAYSIA

feedback@allmusing.net

Table of Contents

INTRODUCTION i
Statistics for Story [1] 1
[1] Looking for Noodle House 2
Pinyin and Translation [1] 6
Statistics for Story [2] 17
[2] Little Sister Don't Exercise 18
Pinyin and Translation [2] 21
Statistics for Story [3] 29
[3] I Am Not Feeling Well 30
Pinyin and Translation [3] 33
Statistics for Story [4] 40
[4] Brother Sitting for Exam 41
Pinyin and Translation [4] 45
Statistics for Story [5] 55
[5] Watch a Basketball Game 57
Pinyin and Translation [5] 60
Statistics for Story [6] 67
[6] Planning Wife's Birthday 68
Pinyin and Translation [6] 71
Statistics for Story [7] 80
[7] Village Football Match 82
Pinyin and Translation [7] 84
Statistics for Story [8] 90
[8] Obedient Husband 91
Pinyin and Translation [8] 94
Statistics for Story [9] 102

[9] Xiao Wang	104
Pinyin and Translation [9]	107
Statistics for Story [10]	115
[10] Sister Ran Away	116
Pinyin and Translation [10]	120
Appendix A HSK 2 Vocabulary	132
Appendix B - Extended HSK 2 Vocabulary	140
Audio Files Download	143

Introduction

HSK 2 Storybook Vol. 1 consists of 10 short stories written in Simplified Chinese and Pinyin with **free audio files**. The purpose of this book is to provide readers with reading materials to practice their reading skills as well as an introduction to more extended sentence structure and longer articles.

HSK 2 Storybook Vol. 1 has **all** the vocabularies in HSK 2. If you finish the book, you would have practised your reading skill on all the vocabularies in HSK 2. This book focuses on HSK 2 vocabularies. If you need to practise HSK 1 vocabularies, please consider reading HSK 1 Storybook.

I have tried to restrict the vocabularies used in this book to HSK 2 as far as possible. Where it is not possible, I have introduced limited new words in the story. If you have learned all the HSK 2 Vocabulary and completed the Standard Course Book for HSK 2 by Jiang Liping, you would be able to read about 85% of this book without learning new words.

I consider the HSK 2 Vocabulary together with the new words introduced in Standard Course Book as *Extended HSK 2 Vocabulary* and I will refer to it as such from now on.

The structure of this book is as follows:

- **Statistics** – this will provide the reader with an analysis of the words used in the story and the level of difficulty. It will set out new words along with Pinyin and explanation. The new words set out here are not cumulative. New words are

set out here as long as the words used are not in the Extended HSK 2 Vocabulary.
- **Story** – this section is the story in Simplified Chinese without Pinyin and the English translation. To test level of reading skills, you should attempt to read this section first before going to the next.
- **Pinyin and Translation** – this will be the section for Pinyin and English translation.
- **Appendix** – for the benefit of those who need assistance on the HSK 2 and HSK 2 Standard Course vocabularies, I have included them in this section for your reference.

The stories in this book are individual stories. A reader may choose to read this book in any particular order. To help you decide which story to read first, you may take a look at the statistics before you begin. The difficulty level for each story varies.

Text to speech for this book has been enabled. You may also download the free audio files with the link and password provided on the **last page**.

Presumably, you would have read the HSK 1 Storybook before embarking on this book. If you have enjoyed reading all the books, please leave a review or comment to let us know what do you think.

Happy reading!

B.Y Leong

HSK Storybook Series:-

HSK 1 Storybook

HSK 1 Storybook Vol. 2

HSK 1 Storybook Vol. 3

HSK 2 Storybook Vol. 1

HSK 2 Storybook Vol. 2

HSK 2 Storybook Vol. 3

HSK 3 Storybook Vol. 1

HSK 3 Storybook Vol. 2

HSK 3 Storybook Vol. 3

HSK 4 Storybook Vol. 1

HSK 4 Storybook Vol. 2

HSK 4 Storybook Vol. 3

and other titles coming soon.

Go to https://allmusing.net to download sample chapters and free audio files.

Statistics for Story [1]

560 Total Word Count

141 Number of Unique Words

64 (42.67 %) of the 150 HSK 2 words are used in this Story

98.04 % of the Story comprise of the Extended HSK 1&2 words

8 New Words

New Words	Pinyin	Explanation
只	zhǐ	Only, merely, just
如果	rú guǒ	If, in case, in the event that
碗	wǎn	Bowl
才	cái	Only, just
办法	bànfǎ	Method, way, means
又	yòu	Also
位子	wèizi	Seat
以前	yǐqián	Before, prior to this

[1] Looking for Noodle House
找面馆儿

有一个哥哥和他的妹妹想吃面条，一早起床就出去找面馆儿了。因为他们不知道哪里有面馆儿，他们就问路过的人了。

哥哥：先生，请问最近的面馆儿在哪儿？

男人：从这儿往左边走五分钟就有一个面馆儿。

哥哥：谢谢。

男人：你们是不是想吃面条？

妹妹：是啊！我们要吃最好吃的面条。

男人：如果你们想吃好吃的面条你们就要走远一点儿。

哥哥：妹妹，你怎么看？你要走远点儿吗？

妹妹：哥哥，没问题，如果有好吃的面条，走多远我都可以。我们也有时间。

男人：好吧。你们往右边走十五分钟就会看见火车站。那个面馆儿就在火车站的旁边。

哥哥：那个面馆儿离这儿有多远？

男人：一千多米。

妹妹：那里有羊肉面吗？

男人：他们最出名就是羊肉面。

妹妹：哥哥，虽然那个面馆儿很远，但是那儿有好吃的羊肉面，我们去吧！

他们走了三十分钟，就到了火车站。虽然他们看见了火车站，但是还是看不到面馆儿。

哥哥：你看到面馆儿吗？

妹妹：没有。我们已经到火车站了，但是这儿没有面馆儿。要不要走进去问别人啊？

哥哥：小姐，请问这里有面馆儿吗？

小姐：去年有一个面馆儿，现在没有了。如果你们想吃面条的话，你们往左边走几分钟就有一个面馆儿了。

哥哥：谢谢。

妹妹：我们又要再走啊！

哥哥：我们已经来到这儿，没办法了，只能走下去。

到了那个面馆儿:

服务员：你们有几个人？

妹妹：这儿有羊肉面吗？

服务员：我们这儿没有羊肉面，但是我们的鸡蛋面很好吃。

哥哥：怎么样？你要吃鸡蛋面吗？

妹妹：我不喜欢吃鸡蛋。

服务员：我们还有一个面馆儿，那儿有卖羊肉面。你从这儿往右边走十分钟就到了。那儿的羊肉面很出名的。

哥哥：那个面馆儿是不是以前在火车站旁边的？

服务员：对！你也听过啊！

妹妹：有人告诉我们那个面馆儿的羊肉面很好吃。哥哥，我们快点儿走吧。我们走来走去已经有一个小时了！

到了那个面馆儿，他们看见很多人在外面正在等着。哥哥看一下手表就说：

哥哥：不知道要等多长时间才能找到位子。

妹妹：这么多人，看来这里的面真的很好吃。

哥哥：妹妹，你看！那儿是我们的家啊！

妹妹：是啊！这个面馆儿就在我们家旁边！我们走了这么远还是回到这儿。真好笑！

哥哥笑着说：看来我们今天已经运动很多了！我们每个人可以吃两碗羊肉面了！

妹妹：比我跑步运动还好因为最后可以吃到羊肉面！让我很快乐！

Pinyin and Translation [1]

有一个哥哥和他的妹妹想吃面条，一早起床就出去找面馆儿了。因为他们不知道哪里有面馆儿，他们就问路过的人了。

Yǒu yīgè gēgē hé tā de mèimei xiǎng chī miàntiáo, yīzǎo qǐchuáng jiù chūqù zhǎo miànguǎn erle. Yīnwèi tāmen bù zhīdào nǎ li yǒu miànguǎn er, tāmen jiù wèn lùguò de rénle.

Once, a brother and his sister wanted to have noodles. When they got up in the morning, they went out to look for a noodle house. Since they don't know where is the noodle house, they asked a passer-by.

哥哥：先生，请问最近的面馆儿在哪儿？

Gēgē: Xiānshēng, qǐngwèn zuìjìn de miànguǎn er zài nǎ'er?

Elder Brother: Sir, where is the nearest noodle house?

男人：从这儿往左边走五分钟就有一个面馆儿。

Nánrén: Cóng zhè'er wǎng zuǒbiān zǒu wǔ fēnzhōng jiù yǒu yīgè miànguǎn er.

Man: You will see a noodle house if you turn to the left and walk for five minutes.

哥哥：谢谢。

Gēgē: Xièxiè.

Elder Brother: Thank you.

男人：你们是不是想吃面条？

Nánrén: Nǐmen shì bùshì xiǎng chī miàntiáo?

Man: Do you want to have noodles?

妹妹：是啊！我们要吃最好吃的面条。

Mèimei: Shì a! Wǒmen yào chī zuì hào chī de miàntiáo.

Younger Sister: Yes! We want to eat the best noodles.

男人：如果你们想吃好吃的面条你们就要走远一点儿。

Nánrén: Rúguǒ nǐmen xiǎng chī hào chī de miàntiáo nǐmen jiù yào zǒu yuǎn yīdiǎn er.

Man: If you want to eat delicious noodles, you have to go a little further.

哥哥：妹妹，你怎么看？你要走远点儿吗？

Gēgē: Mèimei, nǐ zěnme kàn? Nǐ yào zǒu yuǎn diǎn er ma?

Elder Brother: Younger sister, what do you think? Do you want to go that far?

妹妹：哥哥，没问题，如果有好吃的面条，走多远我都可以。我们也有时间。

Mèimei: Gēgē, méi wèntí, rúguǒ yǒu hào chī de miàntiáo, zǒu duō yuǎn wǒ dū kěyǐ. Wǒmen yěyǒu shíjiān.

Younger Sister: Elder brother, no problem, if there are delicious noodles, I can go as far as necessary. We have the time.

男人：好吧。你们往右边走十五分钟就会看见火车站。那个面馆儿就在火车站的旁边。

Nánrén: Hǎo ba. Nǐmen wǎng yòubiān zǒu shíwǔ fēnzhōng jiù huì kànjiàn huǒchē zhàn. Nàgè miànguǎn er jiù zài huǒchē zhàn de pángbiān.

Man: Ok. You will see the train station after walking to the right for fifteen minutes. The noodle house is right next to the train station.

哥哥：那个面馆儿离这儿有多远？

Gēgē: Nàgè miànguǎn er lí zhè'er yǒu duō yuǎn?

Elder Brother: How far is that noodle house from here?

男人：一千多米。

Nánrén: Yīqiān duō mǐ.

Man: More than a thousand meters.

妹妹：那里有羊肉面吗？

Mèimei: Nà li yǒu yángròu miàn ma?

Younger Sister: Are there lamb noodles over there?

男人：他们最出名就是羊肉面。

Nánrén: Tāmen zuì chūmíng jiùshì yángròu miàn.

Man: They are best known for their lamb noodles.

妹妹：哥哥，虽然那个面馆儿很远，但是那儿有好吃的羊肉面，我们去吧！

Mèimei: Gēgē, suīrán nàgè miànguǎn er hěn yuǎn, dànshì nà'er yǒu hào chī de yángròu miàn, wǒmen qù ba!

Younger Sister: Elder brother, although the noodle house is very far away, there are delicious lamb noodles, let's go!

他们走了三十分钟，就到了火车站。虽然他们看见了火车站，但是还是看不到面馆儿。

Tāmen zǒule sānshí fēnzhōng, jiù dàole huǒchē zhàn. Suīrán tāmen kànjiànle huǒchē zhàn, dànshì háishì kàn bù dào miànguǎn er.

They walked for thirty minutes and arrived at the train station. Although they saw the train station, they still couldn't see the noodle restaurant.

哥哥：你看到面馆儿吗？

Gēgē: Nǐ kàn dào miànguǎn er ma?

Elder Brother: Do you see the noodle house?

妹妹：没有。我们已经到火车站了，但是这儿没有面馆儿。要不要走进去问别人啊？

Mèimei: Méiyǒu. Wǒmen yǐjīng dào huǒchē zhànle, dànshì zhè'er méiyǒu miànguǎn er. Yào bùyào zǒu jìnqù wèn biérén a?

Younger Sister: No. We have already arrived at the train station, but there is no noodle house here. Do you want to go in and ask around?

哥哥：小姐，请问这里有面馆儿吗？

Gēgē: Xiǎojiě, qǐngwèn zhè li yǒu miànguǎn er ma?

Elder Brother: Miss, is there any noodle house here?

小姐：去年有一个面馆儿，现在没有了。如果你们想吃面条的话，你们往左边走几分钟就有一个面馆儿了。

Xiǎojiě: Qùnián yǒu yīgè miànguǎn er, xiànzài méiyǒule. Rúguǒ nǐmen xiǎng chī miàntiáo dehuà, nǐmen wǎng zuǒbiān zǒu jǐ fēnzhōng jiù yǒu yīgè miànguǎn erle.

Miss: There was a noodle house here last year, but now it is gone. If you want to eat noodles, you will see a noodle house if you turn to the left and walk for a few minutes.

哥哥：谢谢。

Gēgē: Xièxiè.

Elder Brother: Thank you.

妹妹：我们又要再走啊！

Mèimei: Wǒmen yòu yào zài zǒu a!

Younger Sister: Do we have to walk again!?

哥哥：我们已经来到这儿，没办法了，只能走下去。

Gēgē: Wǒmen yǐjīng lái dào zhè'er, méi bànfǎle, zhǐ néng zǒu xiàqù.

Elder Brother: We have come all the way here, no choice, we can only go on.

到了那个面馆儿：

Dàole nàgè miànguǎn er:

Arrived at the noodle house:

服务员：你们有几个人？

Fúwùyuán: Nǐmen yǒu jǐ gèrén?

Waiter: How many people do you have?

妹妹：这儿有羊肉面吗？

Mèimei: Zhè'er yǒu yángròu miàn ma?

Younger Sister: Do you have lamb noodles here?

服务员：我们这儿没有羊肉面，但是我们的鸡蛋面很好吃。

Fúwùyuán: Wǒmen zhè'er méiyǒu yángròu miàn, dànshì wǒmen de jīdàn miàn hěn hào chī.

Waiter: We don't have lamb noodles here, but our egg noodles are delicious.

哥哥：怎么样？你要吃鸡蛋面吗？

Gēgē: Zěnme yàng? Nǐ yào chī jīdàn miàn ma?

Elder Brother: What do you think? Do you want to have egg noodles?

妹妹：我不喜欢吃鸡蛋。

Mèimei: Wǒ bù xǐhuān chī jīdàn.

Younger Sister: I don't like eggs.

服务员：我们还有一个面馆儿，那儿有卖羊肉面。你从这儿往右边走十分钟就到了。那儿的羊肉面很出名的。

Fúwùyuán: Wǒmen hái yǒu yīgè miànguǎn er, nà'er yǒu mài yángròu miàn. Nǐ cóng zhè'er wǎng yòubiān zǒu shí fēnzhōng jiù dàole. Nà'er de yángròu miàn hěn chūmíng de.

Waiter: We have another noodle house which sells lamb noodles. Just turn to your right and walk for ten minutes. Their lamb noodles are famous.

哥哥：那个面馆儿是不是以前在火车站旁边的？

Gēgē: Nàgè miànguǎn er shì bùshì yǐqián zài huǒchē zhàn pángbiān de?

Elder Brother: That noodle house used to be next to the train station?

服务员：对！你也听过啊！

Fúwùyuán: Duì! Nǐ yě tīngguò a!

Waiter: Right! You have heard about it!

妹妹：有人告诉我们那个面馆儿的羊肉面很好吃。哥哥，我们快点儿走吧。我们走来走去已经有一个小时了！

Mèimei: Yǒurén gàosù wǒmen nàgè miànguǎn er de yángròu miàn hěn hào chī. Gēgē, wǒmen kuài diǎn er zǒu ba. Wǒmen zǒu lái zǒu qù yǐjīng yǒu yīgè xiǎoshíliǎo!

Younger Sister: Someone told us the lamb noodles in that noodle house are delicious. Elder brother, let's go quickly. We have been walking around for an hour!

到了那个面馆儿，他们看见很多人在外面正在等着。哥哥看一下手表就说：

Dàole nàgè miànguǎn er, tāmen kànjiàn hěnduō rén zài wàimiàn zhèngzài děngzhe. Gēgē kàn yīxià shǒubiǎo jiù shuō:

When they arrived at the noodle house, many people were already waiting outside. Elder brother looked at his watch and said:

哥哥：不知道要等多长时间才能找到位子。

Gēgē: Bù zhīdào yào děng duō cháng shíjiān cáinéng zhǎodào wèizi.

Elder Brother: I don't know how long it will take to find a seat.

妹妹：这么多人，看来这里的面真的很好吃。

Mèimei: Zhème duō rén, kàn lái zhèlǐ de miàn zhēn de hěn hào chī.

Younger Sister: So many people, it looks like the noodles here are really delicious.

哥哥：妹妹，你看！那儿是我们的家啊！

Gēgē: Mèimei, nǐ kàn! Nà'er shì wǒmen de jiā a!

Elder Brother: Younger sister, look! It is our home!

妹妹：是啊！这个面馆儿就在我们家旁边！我们走了这么远还是回到这儿。真好笑！

Mèimei: Shì a! Zhège miànguǎn er jiù zài wǒmen jiā pángbiān! Wǒmen zǒule zhème yuǎn háishì huí dào zhè'er. Zhēn hǎoxiào!

Younger Sister: Yes! This noodle house is right next to our home! We have gone so far and ended back here. Hilarious!

哥哥笑着说：看来我们今天已经运动很多了！我们每个人可以吃两碗羊肉面了！

Gēgē xiàozhe shuō: Kàn lái wǒmen jīntiān yǐjīng yùndòng hěnduōle! Wǒmen měi gèrén kěyǐ chī liǎng wǎn yángròu miànle!

Elder Brother smiled and said: It looks like we have exercised a lot today! Each of us can eat two bowls of lamb noodles!

妹妹：比我跑步运动还好因为最后可以吃到羊肉面！让我很快乐！

Mèimei: Bǐ wǒ pǎobù yùndòng hái hǎo yīnwèi zuìhòu kěyǐ chī dào yángròu miàn! Ràng wǒ hěn kuàilè!

Younger Sister: It's better than my running exercise because I can eat delicious lamb noodles in the end! Makes me very happy!

Statistics for Story [2]

468 Total Word Count

156 Number of Unique Words

72 (48.0 %) of the 150 HSK 2 words are used in this Story

98.08 % of the Story comprise of the Extended HSK 1&2 words

5 New Words

New Words	Pinyin	Explanation
小王	Xiǎo Wáng	Xiao Wang
如果	rú guǒ	If, in case, in the event that
用	yòng	Use
先	xiān	Prior, first, in advance
步	bù	Step

[2] Little Sister Don't Exercise
妹妹不运动

姐姐：妹妹，你今天为什么没去上班啊？

妹妹：我的眼睛很红，我看我生病了所以不能上班了。

姐姐：你最近经常生病。是不是吃错东西啊？

妹妹：没有啊。我每天都吃菜和肉，少吃饭。我还吃了很多西瓜。

姐姐：你虽然吃的好，但是你没有运动也是对身体不好的。我们明天早上一起出跑步，好吗？

妹妹：我不喜欢跑步。最近每天都是阴天，很冷，如果去跑步的话，要穿很多件衣服。

姐姐：那去游泳吧！游泳馆离我们的家不远，走几步就到了。

妹妹：游泳馆虽然很近，但是游泳要很长的时间，那我们每天早上都要很早起床了。我觉得睡觉比游泳好的多！

姐姐：叫你去运动都有这么多问题。你吃了药没有？

妹妹：还没有。

姐姐：我去拿药和牛奶给你。你先去洗手吧。吃了药去休息。

妹妹：今天是什么日？

姐姐：二十三日。为什么？

妹妹：我今天要出去和朋友一起吃饭，跳舞。我要介绍一个女朋友给小王。他已经二十五岁了，没有女朋友呢。

姐姐：你生病了，怎么样出去呢？还是在家里休息吧。不要出去跳舞了。

妹妹：我现在去休息，可能到了晚上时会好点儿。如果你不让我去，我就不能介绍女朋友给小王了。

姐姐：我没话说了。你想做什么就去做吧。你看见我的铅笔吗？

妹妹：报纸的旁边有个铅笔。

姐姐：你要吃什么就用这个铅笔写下来吧。等一下我去商店买。今天商店里会有很多东西卖，因为每个月二十三日，商店里的东西都会卖的很便宜。外面的天气也很好，好好的晴天啊！

妹妹：西瓜，鸡蛋，牛奶和鱼都没有了。还有，这个铅笔都不可以用了，要买个新的铅笔。虽然外面是晴天，我觉得你还是穿多点儿衣服吧。我们两个人不可以一起生病的。

姐姐：我每天在家里忙着，但每天早上也会出去跑步运动。我的身体很好。你还是看好你的身体吧。

妹妹：好吧。你路上慢走。

Pinyin and Translation [2]

姐姐：妹妹，你今天为什么没去上班啊？

Jiějiě: Mèimei, nǐ jīntiān wèishéme méi qù shàngbān a?

Elder Sister: Younger sister, why didn't you go to work today?

妹妹：我的眼睛很红，我看我生病了所以不能上班了。

Mèimei: Wǒ de yǎnjīng hěn hóng, wǒ kàn wǒ shēngbìngle suǒyǐ bùnéng shàngbānle.

Younger Sister: My eyes are very red. I think I am ill, and I can't go to work.

姐姐：你最近经常生病。是不是吃错东西啊？

Jiějiě: Nǐ zuìjìn jīngcháng shēngbìng. Shì bùshì chī cuò dōngxī a?

Elder Sister: You have been ill a lot lately. Was it something you ate?

妹妹：没有啊。我每天都吃菜和肉，少吃饭。我还吃了很多西瓜。

Mèimei: Méiyǒu a. Wǒ měitiān dū chī cài hé ròu, shǎo chīfàn. Wǒ hái chīle hěnduō xīguā.

Younger Sister: No. I ate vegetables and meat every day and ate very little rice. I also ate a lot of watermelons.

姐姐：你虽然吃的好，但是你没有运动也是对身体不好的。我们明天早上一起出跑步，好吗？

Jiějiě: Nǐ suīrán chī de hǎo, dànshì nǐ méiyǒu yùndòng yěshì duì shēntǐ bù hǎo de. Wǒmen míngtiān zǎoshang yīqǐ chū pǎobù, hǎo ma?

Elder Sister: Although you eat well, you don't exercise. We should go for a run together tomorrow morning, ok?

妹妹：我不喜欢跑步。最近每天都是阴天，很冷，如果去跑步的话，要穿很多件衣服。

Mèimei: Wǒ bù xǐhuān pǎobù. Zuìjìn měitiān dū shì yīn tiān, hěn lěng, rúguǒ qù pǎobù dehuà, yào chuān hěnduō jiàn yīfú.

Younger Sister: I don't like running. It's been cloudy every day, and it's freezing. If we go running, we have to wear a lot of clothes.

姐姐：那去游泳吧！游泳馆离我们的家不远，走几步就到了。

Jiějiě: Nà qù yóuyǒng ba! Yóuyǒng guǎn lí wǒmen de jiā bù yuǎn, zǒu jǐ bù jiù dàole.

Elder Sister: Let's go swimming! The swimming pool is not far from our home, just a few steps away.

妹妹：游泳馆虽然很近，但是游泳要很长的时间，那我们每天早上都要很早起床了。我觉得睡觉比游泳好的多！

Mèimei: Yóuyǒng guǎn suīrán hěn jìn, dànshì yóuyǒng yào hěn zhǎng de shíjiān, nà wǒmen měitiān zǎoshang dōu yào hěn zǎo qǐchuángle. Wǒ juédé shuìjiào bǐ yóuyǒng hǎo de duō!

Younger Sister: Although the swimming pool is very close, swimming takes a long time, so we have to get up very early every morning. I think sleeping is much better than swimming!

姐姐：叫你去运动都有这么多问题。你吃了药没有？

Jiějiě: Jiào nǐ qù yùndòng dōu yǒu zhème duō wèntí. Nǐ chīle yào méiyǒu?

Elder Sister: You have so many excuses when it comes to exercise. Have you taken medicine?

妹妹：还没有。

Mèimei: Hái méiyǒu.

Younger Sister: Not yet.

姐姐：我去拿药和牛奶给你。你先去洗手吧。吃了药去休息。

Jiějiě: Wǒ qù ná yào hé niúnǎi gěi nǐ. Nǐ xiān qù xǐshǒu ba. Chīle yào qù xiūxí.

Elder Sister: I am going to get medicine and milk for you. Wash your hands first. Rest after taking medication.

妹妹：今天是什么日？

Mèimei: Jīntiān shì shénme rì?

Younger Sister: What day is it today?

姐姐：二十三日。为什么？

Jiějiě: Èrshísān rì. Wèishéme?

Elder Sister: Twenty third. Why?

妹妹：我今天要出去和朋友一起吃饭，跳舞。我要介绍一个女朋友给小王。他已经二十五岁了，没有女朋友呢。

Mèimei: Wǒ jīntiān yào chūqù hé péngyǒu yīqǐ chīfàn, tiàowǔ. Wǒ yào jièshào yīgè nǚ péngyǒu gěi xiǎo wáng. Tā yǐjīng èrshíwǔ suìle, méiyǒu nǚ péngyǒu ne.

Younger Sister: I am going out to have dinner and dance with my friends today. I want to introduce a girlfriend to Xiao Wang. He is already twenty-five years old and doesn't have a girlfriend.

姐姐：你生病了，怎么样出去呢？还是在家里休息吧。不要出去跳舞了。

Jiějiě: Nǐ shēngbìngle, zěnme yàng chūqù ne? Háishì zài jiālǐ xiūxí ba. Bùyào chūqù tiàowǔle.

Elder Sister: You are ill, how can you go out? Better to stay home and rest. Don't go dancing.

妹妹：我现在去休息，可能到了晚上时会好点儿。如果你不让我去，我就不能介绍女朋友给小王了。

Mèimei: Wǒ xiànzài qù xiūxí, kěnéng dàole wǎnshàng shí huì hǎo diǎn er. Rúguǒ nǐ bù ràng wǒ qù, wǒ jiù bùnéng jièshào nǚ péngyǒu gěi xiǎo wángle.

Younger Sister: I am going to rest now, and maybe I will get better tonight. If you don't let me go, I can't introduce a girlfriend to Xiao Wang.

姐姐：我没话说了。你想做什么就去做吧。你看见我的铅笔吗？

Jiějiě: Wǒ méi huàshuōle. Nǐ xiǎng zuò shénme jiù qù zuò ba. Nǐ kànjiàn wǒ de qiānbǐ ma?

Elder Sister: I have nothing to say. Do what you want to do. Did you see my pencil?

妹妹：报纸的旁边有个铅笔。

Mèimei: Bàozhǐ de pángbiān yǒu gè qiānbǐ.

Younger Sister: There is a pencil next to the newspaper.

姐姐：你要吃什么就用这个铅笔写下来吧。等一下我去商店买。今天商店里会有很多东西卖，因为每个月二十三日，商店里的东西都会卖的很便宜。外面的天气也很好，好好的晴天啊！

Jiějiě: Nǐ yào chī shénme jiù yòng zhège qiānbǐ xiě xiàlái ba. Děng yīxià wǒ qù shāngdiàn mǎi. Jīntiān shāngdiàn lǐ huì yǒu hěnduō dōngxī mài, yīnwèi měi gè yuè èrshísān rì, shāngdiàn lǐ de dōngxī dūhuì mài de hěn piányí. Wàimiàn de tiānqì yě hěn hǎo, hǎohǎo de qíngtiān a!

Elder Sister: Whatever you want to eat, use the pencil to write it down, and I will go to the store to buy. Every 23rd of the month there will be a lot of things on sale in the store. The weather outside is also perfect, good sunny day!

LITTLE SISTER DON'T EXERCISE

妹妹：西瓜，鸡蛋，牛奶和鱼都没有了。还有，这个铅笔都不可以用了，要买个新的铅笔。虽然外面是晴天，我觉得你还是穿多点儿衣服吧。我们两个人不可以一起生病的。

Mèimei: Xīguā, jīdàn, niúnǎi hé yú dōu méiyǒule. Hái yǒu, zhège qiānbǐ dōu bù kěyǐ yòngle, yāomǎi gè xīn de qiānbǐ. Suīrán wàimiàn shì qíngtiān, wǒ juédé nǐ háishì chuān duō diǎn er yīfú ba. Wǒmen liǎng gèrén bù kěyǐ yīqǐ shēngbìng de.

Younger Sister: We don't have watermelon, eggs, milk and fish. Also, this pencil can't be used anymore, buy a new pencil. Although it is sunny outside, I think you should still wear more clothes. Both of us can't get sick together.

姐姐：我每天在家里忙着，但每天早上也会出去跑步运动。我的身体很好。你还是看好你的身体吧。

Jiějiě: Wǒ měitiān zài jiālǐ mángzhe, dàn měitiān zǎoshang yě huì chūqù pǎobù yùndòng. Wǒ de shēntǐ hěn hǎo. Nǐ háishì kànhǎo nǐ de shēntǐ ba.

Elder Sister: I am busy at home every day, but I still go out for a run every morning. My health is very good. You must take care of your health.

妹妹：好吧。你路上慢走。

Mèimei: Hǎo ba. Nǐ lùshàng màn zǒu.

Younger Sister: Ok. Please walk slowly on the road.

Statistics for Story [3]

519 Total Word Count

165 Number of Unique Words

74 (49.33 %) of the 150 HSK 2 words are used in this Story

96.53 % of the Story comprise of the Extended HSK 1&2 words

12 New Words

New Words	Pinyin	Explanation
应该	yīnggāi	Should, ought to
回答	huídá	Reply
才	cái	Only, just
晚饭	wǎnfàn	Dinner
可爱	kě'ài	Lovely
放	fàng	Put, place
电	diàn	Power (battery)
一边	yībiān	While doing something
见	jiàn	See
怎么办	zěnme bàn	What to do
只	zhǐ	Only, merely, just
突然间	túrán jiān	Suddenly

[3] I Am Not Feeling Well
我生病了

今天早上，我想早点儿起床，但是我不能。可能是因为我昨天晚上和朋友一起唱歌跳舞到很晚。我的眼睛现在已经红了。我可能生病了。今天公司里还有很多事情要做。我应该怎么办？我应该打个电话告诉大家我今天不可以上班了。"喂，我今天生病了，不可以上班。公司里的事情我明天做。真的对不起。"

吃了药和休息了几个小时后，我的眼睛不再那么红了。但是我还觉得很累，哪儿都不想去。我看一下手表，已经下午五点了，我的丈夫应该快要下班了。我一直等着丈夫打电话过来，等到晚上八点，他还没打过来。突然间我听见有人在开门。

"我最爱的妻子在哪儿？"对，那个人就是我的丈夫。他每天回到家时都这样叫我，真可爱。"你吃了药没？晚饭要吃什么？让我看一下你的眼睛还红吗？"

我就说，"你一进来就问我这么多的问题，我怎么能回答你啊？"丈夫一边笑着说，"好了好了。我们出去吃晚饭？还是你要我出去买回来？"我回答，"我好累，不想出去，你还是买回来吧。让我多休息点儿。"

丈夫：那你要吃什么？

我：我要吃羊肉。

丈夫：你生病了，不可以吃羊肉的。吃点儿面条吧。

我：我不想吃面条，面条不好吃。

丈夫：吃鱼，怎么样？身体好了后才吃羊肉好吗？

我：好吧。就吃鱼。

丈夫：妻子，你还要什么？

我：我也想吃西瓜，喝奶茶，你买点儿吧。让他们放多点儿牛奶。

丈夫：就这样吗？

妻子：我来问你，你为什么下班的时候没打个电话给我？我打了几次电话也找不到你。

丈夫：我的手机没电，所以没打给你。你为什么找我啊？

我：没什么。我只想知道，你会几点回来。

丈夫：今天在公司有很多事情做，我做完了后才回家，所以今天我真的很累啊。

我：你公司不是请了几个新人吗？你为什么还是这么忙？

丈夫:因为那些新人正在帮助别人，所以就没人帮助我了！

我：那你别去那么远买东西吃了。

丈夫：好吧。我很快就回来。你等我一下。

我：你穿多几件衣服吧。外面很冷，我不想你也生病了。

丈夫：我的妻子真爱我。我真快乐！

Pinyin and Translation [3]

今天早上，我想早点儿起床，但是我不能。可能是因为我昨天晚上和朋友一起唱歌跳舞到很晚。我的眼睛现在已经红了。我可能生病了。今天公司里还有很多事情要做。我应该怎么办？我应该打个电话告诉大家我今天不可以上班了。"喂，我今天生病了，不可以上班。公司里的事情我明天做。真的对不起。"

Jīntiān zǎoshang, wǒ xiǎng zǎodiǎn er qǐchuáng, dànshì wǒ bùnéng. Kěnéng shì yīnwèi wǒ zuótiān wǎnshàng hé péngyǒu yīqǐ chànggē tiàowǔ dào hěn wǎn. Wǒ de yǎnjīng xiànzài yǐjīng hóngle. Wǒ kěnéng shēngbìngle. Jīntiān gōngsī lǐ hái yǒu hěnduō shìqíng yào zuò. Wǒ yīnggāi zěnme bàn? Wǒ yīnggāi dǎ gè diànhuà gàosù dàjiā wǒ jīntiān bù kěyǐ shàngbānle."Wèi, wǒ jīntiān shēngbìngle, bù kěyǐ shàngbān. Gōngsī lǐ de shìqíng wǒ míngtiān zuò. Zhēn de duìbùqǐ."

I wanted to get up early this morning, but I couldn't. Maybe it was because I sang and danced with my friends until late last night. My eyes are now red. I may be ill. There is still a lot to do in the office today. What should I do? I should call the office to tell everyone that I can't go to work today. "Hello, I am sick today, I can't go to work. I will complete my work tomorrow. I am really sorry."

吃了药和休息了几个小时后，我的眼睛不再那么红了。但是我还觉得很累，哪儿都不想去。我看一下手表，已经下午五点了，我的丈夫应该快要下班了。我一直等着丈夫打电话过来，等到晚上八点，他还没打过来。突然间我听见有人在开门。

Chīle yào hé xiūxíle jǐ gè xiǎoshí hòu, wǒ de yǎnjīng bù zài nàme hóngle. Dànshì wǒ hái juédé hěn lèi, nǎ'er dōu bùxiǎng qù. Wǒ kàn yīxià shǒubiǎo, yǐjīng xiàwǔ wǔ diǎnle, wǒ de zhàngfū yīnggāi kuàiyào xiàbānle. Wǒ yīzhí děngzhe zhàngfū dǎ diànhuà guòlái, děngdào wǎnshàng bā diǎn, tā hái méi dǎ guòlái. Túrán jiān wǒ tīngjiàn yǒurén zài kāimén.

After taking medicine and rested for a few hours, my eyes are no longer so red. But I still feel exhausted, and I don't feel like going anywhere. I looked at the watch. It is already five o'clock in the afternoon. My husband should be getting off work soon. I have been waiting for my husband to call and waited until eight in the evening. He still has not called. Suddenly I heard someone opening the door.

"我最爱的妻子在哪儿？"对，那个人就是我的丈夫。他每天回到家时都这样叫我，真可爱。"你吃了药没？晚饭要吃什么？让我看一下你的眼睛还红吗？"

"Wǒ zuì ài de qīzi zài nǎ'er?" Duì, nàgè rén jiùshì wǒ de zhàngfū. Tā měitiān huí dàojiā shí dōu zhèyàng jiào wǒ, zhēn kě'ài. "Nǐ chīle yào méi? Wǎnfàn yào chī shénme? Ràng wǒ kàn yīxià nǐ de yǎnjīng hái hóng ma?"

"Where is my lovely wife?" Yes, that person is my husband. He calls out to me like this when he got home every day, so cute. "Did you take your medicine? What do you want to have for dinner? Let me see if your eyes are still red?"

我就说，"你一进来就问我这么多的问题，我怎么能回答你啊？"丈夫一边笑着说，"好了好了。我们出去吃晚饭？还是你要我出去买回来？"我回答，"我好累，不想出去，你还是买回来吧。让我多休息点儿。"

Wǒ jiù shuō,"nǐ yī jìnlái jiù wèn wǒ zhème duō de wèntí, wǒ zěnme néng huídá nǐ a?" Zhàngfū yībiān xiàozhe shuō,"hǎole hǎole. Wǒmen chūqù chī wǎnfàn? Háishì nǐ yào wǒ chūqù mǎi huílái?" Wǒ huídá,"wǒ hǎo lèi, bùxiǎng chūqù, nǐ háishì mǎi huílái ba. Ràng wǒ duō xiūxí diǎn er."

I said, "You just came in and asked me so many questions. How can I answer you?" My husband smiled and said, "Okay. Let's go out for dinner? Or do you want me to go out and buy some back?" I replied, "I am so tired, I don't want to go out, will you buy some food back? Let me have more rest."

丈夫：那你要吃什么？

Zhàngfū: Nà nǐ yào chī shénme?

Husband: What would you like to eat?

我：我要吃羊肉。

Wǒ: Wǒ yào chī yángròu.

Me: I want to eat lamb.

丈夫：你生病了，不可以吃羊肉的。吃点儿面条吧。

Zhàngfū: Nǐ shēngbìngle, bù kěyǐ chī yángròu de. Chī diǎn er miàntiáo ba.

Husband: You are ill, you can't eat lamb. Have some noodles instead.

我：我不想吃面条，面条不好吃。

Wǒ: Wǒ bùxiǎng chī miàntiáo, miàntiáo bù hào chī.

Me: I don't want to eat noodles, noodles are not tasty.

丈夫：吃鱼，怎么样？身体好了后才吃羊肉好吗？

Zhàngfū: Chī yú, zěnme yàng? Shēntǐ hǎole hòu cái chī yángròu hǎo ma?

Husband: What about fish? You can have lamb after your health recovered.

我：好吧。就吃鱼。

Wǒ: Hǎo ba. Jiù chī yú.

Me: Ok. I will have fish then.

丈夫：妻子，你还要什么？

Zhàngfū: Qīzi, nǐ hái yào shénme?

Husband: Wife, do you want anything else?

我：我也想吃西瓜，喝奶茶，你买点儿吧。让他们放多点儿牛奶。

Wǒ: Wǒ yě xiǎng chī xīguā, hē nǎichá, nǐ mǎidiǎn er ba. Ràng tāmen fàng duō diǎn er niúnǎi.

Me: I also want watermelon and milk tea, please buy some. Ask them to put more milk.

丈夫：就这样吗？

Zhàngfū: Jiù zhèyàng ma?

Husband: Anything else?

妻子：我来问你，你为什么下班的时候没打个电话给我？我打了几次电话也找不到你。

Qīzi: Wǒ lái wèn nǐ, nǐ wèishéme xiàbān de shíhòu méi dǎ gè diànhuà gěi wǒ? Wǒ dǎle jǐ cì diànhuà yě zhǎo bù dào nǐ.

Wife: Let me ask you, why didn't you call me when you got off work? I called you a few times but can't find you.

丈夫：我的手机没电，所以没打给你。你为什么找我啊？

Zhàngfū: Wǒ de shǒujī méi diàn, suǒyǐ méi dǎ gěi nǐ. Nǐ wèishéme zhǎo wǒ a?

Husband: My phone has no power, so I didn't call you. Why were you looking for me?

我：没什么。我只想知道，你会几点回来。

Wǒ: Méishénme. Wǒ zhǐ xiǎng zhīdào, nǐ huì jǐ diǎn huílái.

Me: Nothing. I just wanted to know what time will you be back.

丈夫：今天在公司有很多事情做，我做完了后才回家，所以今天我真的很累啊。

Zhàngfū: Jīntiān zài gōngsī yǒu hěnduō shìqíng zuò, wǒ zuò wánliǎo hòu cái huí jiā, suǒyǐ jīntiān wǒ zhēn de hěn lèi a.

Husband: There were a lot of things to do in the company today. I can only go home after I have finished. I am really tired today.

我：你公司不是请了几个新人吗？你为什么还是这么忙？

Wǒ: Nǐ gōngsī bùshì qǐngle jǐ gè xīnrén ma? Nǐ wèishéme háishì zhème máng?

Me: Didn't your company hire a few new staff? Why are you still so busy?

丈夫:因为那些新人正在帮助别人，所以就没人帮助我了！

Zhàngfū: Yīnwèi nàxiē xīnrén zhèngzài bāngzhù biérén, suǒyǐ jiù méi rén bāngzhù wǒle!

I AM NOT FEELING WELL

Husband: Because the new people are helping others, no one is helping me!

我：那你别去那么远买东西吃了。

Wǒ: Nà nǐ bié qù nàme yuǎn mǎi dōngxī chīle.

Me: Then don't go so far to buy food.

丈夫：好吧。我很快就回来。你等我一下。

Zhàngfū: Hǎo ba. Wǒ hěn kuài jiù huílái. Nǐ děng wǒ yīxià.

Husband: Ok. Wait awhile, I will be back soon.

我：你穿多几件衣服吧。外面很冷，我不想你也生病了。

Wǒ: Nǐ chuān duō jǐ jiàn yīfú ba. Wàimiàn hěn lěng, wǒ bùxiǎng nǐ yě shēngbìngle.

Me: Wear more clothes. It's cold outside, I don't want you to fall ill.

丈夫：我的妻子真爱我。我真快乐！

Zhàngfū: Wǒ de qīzi zhēn'ài wǒ. Wǒ zhēn kuàilè!

Husband: My wife really loves me. I am so happy!

Statistics for Story [4]

707 Total Word Count

183 Number of Unique Words

74 (49.33 %) of the 150 HSK 2 words are used in this Story

97.31 % of the Story comprise of the Extended HSK 1&2 words

14 New Words

New Words	Pinyin	Explanation
才	cái	Only, just
把	bǎ	To handle
关系	guānxì	Relationship
分开	fēnkāi	Separate
小学	xiǎoxué	Elementary school
老大	lǎodà	Eldest
日子	rìzi	Day
怎么办	zěnme bàn	What to do
这份	zhè fèn	This
加班	jiābān	Overtime
又	yòu	Also
只	zhǐ	Only, merely, just
中学	zhōngxué	Middle school
用	yòng	Use

[4] Brother Sitting for Exam
弟弟在考试

弟弟在考试我是最大的孩子，我有一个妹妹和弟弟。我们的爸爸妈妈已经不在了。虽然只有我们三个人，但是我们的关系非常好，我们也很快乐。因为我是家里的老大，所以妹妹和弟弟都很听我的话。

我比妹妹大两岁，比弟弟大三岁。我去年开始在宾馆做服务员的。虽然钱不多，但是我很高兴可以找到这份工作。后来，我也介绍妹妹在宾馆里工作。我和妹妹每天一起打公共汽车去宾馆上班。

弟弟还没开始工作，他正在考试。虽然我们知道让他上大学读书会用很多钱，但是弟弟很喜欢读书，他考试也考的很好。弟弟要做一个医生。我们都希望他可以考进北京大学。

我看见弟弟今天晚上回到家的时候不高兴。因为我不知道为什么弟弟不高兴，所以就问他：

我：弟弟，你为什么不高兴啊？你今天考试考得怎么样？

弟弟：姐姐，我很累，让我休息一下再说吧。

弟弟很快就走进房间里睡觉，一直睡到吃饭的时候才出来。弟弟还没告诉我为什么他不高兴。就在这时候，妹妹回来了。

妹妹：对不起。我今天这么晚才回到家。我今天很忙，没有时间打个电话回来告诉你们我加班。

我：没关系。来，大家一起吃饭吧。饭菜已经冷了。

妹妹：弟弟，你今天考试考得怎么样？你有没有做完考试里的问题？

我：弟弟回来到现在都还没说话。我也问了他考试考得怎么样。

弟弟：我不想吃了，我想要去房间休息。

我：但是你才起床啊，现在又睡。

妹妹：是不是有什么事情啊？

我：你是不是没时间做完考试的问题？是不是题太多做不完？

妹妹：我昨天晚上看见你已经准备好了。你今天早上也很早起床去学校了。

弟弟：你们别再问我了！好，我告诉你们吧。我们班的老师前几天告诉我们今天会考试。但是今天我和同学到了学校的时候，没看见别的同学。我们到了教室，也没有看见老师。

妹妹：是不是因为只有你们的班考试，别的班没考？

我：不会这样的。大家是一起考试的。不会分开考试。

弟弟：我的同学也是这样觉得。我们在想，老师会不会把考试的日子说错了？所以我们等了一下后就给老师打个电话了。

妹妹：老师怎么说？

弟弟：老师没有听我们的电话。我们打了几次他也没有听。

我：那你们怎么办呢？

弟弟：有一个同学说老师可能在别的教室。我们就跑到了别的教室看一下。我们还是没看见老师和别的同学。我看了我的手表，九点了，考试已经开始了，但是我们不知道老师和别的同学在哪儿。最后，老师打电话给我，说考试是在小学的教室，不是在中学的教室。我们很快得往那儿走。就因为这样，我没能把考试的问题做完。这么多题，怎么可能做完呢？

我：弟弟，没关系。这不是你的错，是老师的错。他没说好来，让你们白跑来跑去找他们。

弟弟：因为有很多同学都做不完，所以老师说我们明天再考一次。

妹妹：那就好啊。你为什么还不高兴呢？

弟弟：我明天要和朋友一起打篮球。现在不能去了，真没意思！

我和妹妹都没话说了。

Pinyin and Translation [4]

我是最大的孩子，我有一个妹妹和弟弟。我们的爸爸妈妈已经不在了。虽然只有我们三个人，但是我们的关系非常好，我们也很快乐。因为我是家里的老大，所以妹妹和弟弟都很听我的话。

Wǒ shì zuìdà de háizi, wǒ yǒu yīgè mèimei hé dìdì. Wǒmen de bàba māmā yǐjīng bùzàile. Suīrán zhǐyǒu wǒmen sān gèrén, dànshì wǒmen de guānxì fēicháng hǎo, wǒmen yě hěn kuàilè. Yīnwèi wǒ shì jiālǐ de lǎodà, suǒyǐ mèimei hé dìdì dōu hěn tīng wǒ dehuà.

I am the eldest child, and I have a younger sister and a younger brother. Our mom and dad are not around anymore. Although we only have 3 of us, our relationship is very good, and we are very happy. As I am the eldest, my younger sister and brother obey me.

我比妹妹大两岁，比弟弟大三岁。我去年开始在宾馆做服务员的。虽然钱不多，但是我很高兴可以找到这份工作。后来，我也介绍妹妹在宾馆里工作。我和妹妹每天一起打公共汽车去宾馆上班。

Wǒ bǐ mèimei dà liǎng suì, bǐ dìdì dà sān suì. Wǒ qùnián kāishǐ zài bīnguǎn zuò fúwùyuán de. Suīrán qián bù duō, dànshì wǒ hěn gāoxìng kěyǐ zhǎodào zhè fèn gōngzuò. Hòulái, wǒ yě jièshào mèimei zài bīnguǎn lǐ gōngzuò. Wǒ hé mèimei měitiān yīqǐ dǎ gōnggòng qìchē qù bīnguǎn shàngbān.

I am two years older than my sister and three years older than my brother. Since last year, I have started working as a waiter at the hotel. Although it is not much, I am delighted to find this job. Subsequently, I introduced my sister to work in the hotel. My sister and I go to the hotel together every day.

弟弟还没开始工作，他正在考试。虽然我们知道让他上大学读书会用很多钱，但是弟弟很喜欢读书，他考试也考的很好。弟弟要做一个医生。我们都希望他可以考进北京大学。

Dìdì hái méi kāishǐ gōngzuò, tā zhèngzài kǎoshì. Suīrán wǒmen zhīdào ràng tā shàng dàxué dúshū huì yòng hěnduō qián, dànshì dìdì hěn xǐhuān dúshū, tā kǎoshì yě kǎo de hěn hǎo. Dìdì yào zuò yīgè yīshēng. Wǒmen dōu xīwàng tā kěyǐ kǎo jìn běijīng dàxué.

My younger brother has not started to work yet as he is taking his exam. Although we know that it will cost a lot of money for him to go to college, my younger brother likes to study, and he did very well in exams. My younger brother wants to be a doctor. We all hope that he can get admitted to Peking University.

我看见弟弟今天晚上回到家的时候不高兴。因为我不知道为什么弟弟不高兴，所以就问他：

Wǒ kànjiàn dìdì jīntiān wǎnshàng huí dàojiā de shíhòu bù gāoxìng. Yīnwèi wǒ bù zhīdào wèishéme dìdì bù gāoxìng, suǒyǐ jiù wèn tā:

BROTHER SITTING FOR EXAM

My younger brother was not happy when he returned home this evening. Because I didn't know why he was not happy, so I asked him:

我：弟弟，你为什么不高兴啊？你今天考试考得怎么样？

Wǒ: Dìdì, nǐ wèishéme bù gāoxìng a? Nǐ jīntiān kǎoshì kǎo dé zěnme yàng?

Me: Younger brother, why are you not happy? How is your exam today?

弟弟：姐姐，我很累，让我休息一下再说吧。

Dìdì: Jiějiě, wǒ hěn lèi, ràng wǒ xiūxí yīxià zàishuō ba.

Younger Brother: Elder sister, I am very tired, let me take a nap and talk later.

弟弟很快就走进房间里睡觉，一直睡到吃饭的时候才出来。弟弟还没告诉我为什么他不高兴。就在这时候，妹妹回来了。

Dìdì hěn kuài jiù zǒu jìn fángjiān lǐ shuìjiào, yīzhí shuì dào chīfàn de shíhòu cái chūlái. Dìdì hái méi gàosù wǒ wèishéme tā bù gāoxìng. Jiù zài zhè shíhòu, mèimei huíláile.

Younger brother quickly went into the room to sleep, and only came out when it is time to eat. Younger brother has not told me why he was not happy. Just then, my younger sister came back.

妹妹：对不起。我今天这么晚才回到家。我今天很忙，没有时间打个电话回来告诉你们我加班。

Mèimei: Duìbùqǐ. Wǒ jīntiān zhème wǎn cái huí dàojiā. Wǒ jīntiān hěn máng, méiyǒu shíjiān dǎ gè diànhuà huílái gàosù nǐmen wǒ jiābān.

Younger Sister: Sorry. I got home so late today. I was very busy today and didn't have time to call back to tell you that I will be working overtime.

我：没关系。来，大家一起吃饭吧。饭菜已经冷了。

Wǒ: Méiguānxì. Lái, dàjiā yì qǐ chīfàn ba. Fàncài yǐjīng lěngle.

Me: It's ok. Come, let's have dinner. The food is getting cold.

妹妹：弟弟，你今天考试考得怎么样？你有没有做完考试里的问题？

Mèimei: Dìdì, nǐ jīntiān kǎoshì kǎo dé zěnme yàng? Nǐ yǒu méiyǒu zuò wán kǎoshì lǐ de wèntí?

Younger Sister: Younger Brother, how was your exam today? Did you finish all the questions?

我：弟弟回来到现在都还没说话。我也问了他考试考得怎么样。

Wǒ: Dìdì huílái dào xiànzài dōu hái méi shuōhuà. Wǒ yě wènle tā kǎoshì kǎo dé zěnme yàng.

Me: Younger brother has not spoken since he came back. I also asked him how was his exam.

弟弟：我不想吃了，我想要去房间休息。

Dìdì: Wǒ bùxiǎng chīle, wǒ xiǎng yào qù fángjiān xiūxí.

Younger Brother: I don't want to eat, I want to go to my room to rest.

我：但是你才起床啊，现在又睡。

Wǒ: Dànshì nǐ cái qǐchuáng a, xiànzài yòu shuì.

Me: But you just got up, and now you want to sleep again.

妹妹：是不是有什么事情啊？

Mèimei: Shì bùshì yǒu shé me shìqíng a?

Sister: What is wrong?

我：你是不是没时间做完考试的问题？是不是题太多做不完？

Wǒ: Nǐ shì bùshì méi shíjiān zuò wán kǎoshì de wèntí? Shì bùshì tí tài duō zuò bù wán?

Me: Didn't you finish your exam on time? Was there too much to do?

妹妹：我昨天晚上看见你已经准备好了。你今天早上也很早起床去学校了。

Mèimei: Wǒ zuótiān wǎnshàng kànjiàn nǐ yǐjīng zhǔnbèi hǎole. Nǐ jīntiān zǎoshang yě hěn zǎo qǐchuáng qù xuéxiàole.

Younger Sister: Last night, I saw that you were prepared for your exam. This morning , you got up very early and went to school.

弟弟：你们别再问我了！好，我告诉你们吧。我们班的老师前几天告诉我们今天会考试。但是今天我和同学到了学校的时候，没看见别的同学。我们到了教室，也没有看见老师。

Dìdì: Nǐmen bié zài wèn wǒle! Hǎo, wǒ gàosù nǐmen ba. Wǒmen bān de lǎoshī qián jǐ tiān gàosù wǒmen jīntiān huì kǎoshì. Dànshì jīntiān wǒ hé tóngxué dàole xuéxiào de shíhòu, méi kànjiàn bié de tóngxué. Wǒmen dàole jiàoshì, yě méiyǒu kànjiàn lǎoshī.

Younger Brother: Don't ask me anymore! Ok, I will tell you. A few days ago, our class teacher told us that we would be taking the exam today. But when I arrived at the school with my classmates, we didn't see other students. We went to our classroom, and the teacher is not there.

妹妹：是不是因为只有你们的班考试，别的班没考？

Mèimei: Shì bùshì yīnwèi zhǐyǒu nǐmen de bān kǎoshì, bié de bān méi kǎo?

Younger Sister: Could it be because only your class has exam, and other classes do not have exams?

我：不会这样的。大家是一起考试的。不会分开考试。

Wǒ: Bù huì zhèyàng de. Dàjiā shì yīqǐ kǎoshì de. Bù huì fēnkāi kǎoshì.

Me: It won't be. Everyone should be taking the exam together.

弟弟：我的同学也是这样觉得。我们在想，老师会不会把考试的日子说错了？所以我们等了一下后就给老师打个电话了。

Dìdì: Wǒ de tóngxué yěshì zhèyàng juédé. Wǒmen zài xiǎng, lǎoshī huì bù huì bǎ kǎoshì de rìzi shuō cuòle? Suǒyǐ wǒmen děngle yīxià hòu jiù gěi lǎoshī dǎ gè diànhuàle.

Younger Brother: My classmates thought so too. We were thinking, will the teacher have told us the wrong date? So we waited for a bit and gave the teacher a call.

妹妹：老师怎么说？

Mèimei: Lǎoshī zěnme shuō?

Younger Sister: What did the teacher say?

弟弟：老师没有听我们的电话。我们打了几次他也没有听。

Dìdì: Lǎoshī méiyǒu tīng wǒmen de diànhuà. Wǒmen dǎle jǐ cì tā yě méiyǒu tīng.

Younger Brother: The teacher did not answer our call. We called a few times and the teacher didn't answer.

我：那你们怎么办呢？

Wǒ: Nà nǐmen zěnme bàn ne?

Me: What did you do?

弟弟：有一个同学说老师可能在别的教室。我们就跑到了别的教室看一下。我们还是没看见老师和别的同学。我看了我的手表，九点了，考试已经开始了，但是我们不知道老师和别的同学在哪儿。最后，老师打电话给我，说考试是在小学的教室，不是在中学的教室。我们很快得往那儿走。就因为这样，我没能把考试的问题做完。这么多题，怎么可能做完呢？

BROTHER SITTING FOR EXAM

Dìdì: Yǒu yīgè tóngxué shuō lǎoshī kěnéng zài bié de jiàoshì. Wǒmen jiù pǎo dàole bié de jiàoshì kàn yīxià. Wǒmen háishì méi kànjiàn lǎoshī hé bié de tóngxué. Wǒ kànle wǒ de shǒubiǎo, jiǔ diǎnle, kǎoshì yǐjīng kāishǐle, dànshì wǒmen bù zhīdào lǎoshī hé bié de tóngxué zài nǎ'er. Zuìhòu, lǎoshī dǎ diànhuà gěi wǒ, shuō kǎoshì shì zài xiǎoxué de jiàoshì, bùshì zài zhōngxué de jiàoshì. Wǒmen hěn kuài dé wǎng nà'er zǒu. Jiù yīnwèi zhèyàng, wǒ méi néng bǎ kǎoshì de wèntí zuò wán. Zhème duō tí, zěnme kěnéng zuò wán ne?

Younger Brother: One classmate said that the teacher might be in another classroom. We ran to other classrooms to take a look. We still can't find the teacher and other classmates. I looked at my watch, it was nine o'clock, the exam has already started, but we don't know where the teacher and the other students were. Finally, the teacher called me and said that the exam was in the classroom of the elementary school, not in the middle school classroom. We will have to get there soon. Because of this, I have not been able to finish the exam. How could I finish, there were so many questions?

我：弟弟，没关系。这不是你的错，是老师的错。他没说好来，让你们白跑来跑去找他们。

Wǒ: Dìdì, méiguānxì. Zhè bùshì nǐ de cuò, shì lǎoshī de cuò. Tā méi shuō hǎo lái, ràng nǐmen bái pǎo lái pǎo qù zhǎo tāmen.

Me: Younger brother, it doesn't matter. It is not your fault, and it is the teacher's fault. He didn't say correctly, let you run around to look for them.

弟弟：因为有很多同学都做不完，所以老师说我们明天再考一次。

Dìdì: Yīnwèi yǒu hěnduō tóngxué dōu zuò bù wán, suǒyǐ lǎoshī shuō wǒmen míngtiān zàikǎo yīcì.

Younger Brother: Because many students couldn't finish the exam, the teacher said that we could take another exam tomorrow.

妹妹：那就好啊。你为什么还不高兴呢？

Mèimei: Nà jiù hǎo a. Nǐ wèishéme hái bù gāoxìng ne?

Sister: That's good. Why are you still unhappy?

弟弟：我明天要和朋友一起打篮球。现在不能去了，真没意思！

Dìdì: Wǒ míngtiān yào hé péngyǒu yīqǐ dǎ lánqiú. Xiànzài bùnéng qùle, zhēn méiyìsi!

Younger Brother: I was going to play basketball with my friends tomorrow. Too bad, I can't go now!

我和妹妹都没话说了。

Wǒ hé mèimei dōu méi huàshuōle.

Younger sister and I have nothing to say.

Statistics for Story [5]

594 Total Word Count

153 Number of Unique Words

66 (44.0 %) of the 150 HSK 2 words are used in this Story

90.74 % of the Story comprise of the Extended HSK 1&2 words

18 New Words

New Words	Pinyin	Explanation
才	cái	Only, just
见	jiàn	See
如果	rú guǒ	If, in case, in the event that
小月	Xiǎo Yuè	Xiao Yue
勒布朗詹姆斯	lēi bùlǎng zhānmǔsī	LeBron James
声	shēng	Sound
怎么办	zěnme bàn	What to do
比赛	bǐsài	Match, game. competition
跟	gēn	With, follow
又	yòu	Also
只	zhǐ	Only, merely, just
极	jí	Extremely, utmost
难	nán	Difficult, hard
起来	qǐlái	To stand up, to get up

场	chǎng	Match
过分	guòfèn	Excessive
想法	xiǎngfǎ	Opinion, idea
瞪	dèng	Stare

[5] Watch a Basketball Game
要 看 篮球 比赛

小月从小就很喜欢看篮球比赛。她经常在电视里看勒布朗詹姆斯打篮球。他非常高，跑得又快。她想，如果她可以去看篮球比赛她会很高兴的！她真的希望能去看一场篮球比赛。

有一天早上，小月和她的哥哥正在吃早饭，哥哥看了报纸后说："看来勒布朗詹姆斯会到中国来打篮球。"小月大声的叫了起来："我要去看！我要去看！"

哥哥瞪大了眼睛看着小月说："你很大声啊！你真的要去看吗？我不知道你这么喜欢看勒布朗詹姆斯打篮球。会不会很难买票？也会很贵吧？"小月就说："虽然是很难买票，我还是要去看，因为勒布朗詹姆斯不是经常来中国打篮球的。他每次打篮球，都打的最好，经常拿第一。如果我这次能看到他打篮球就太好了，我会快乐极了！"

哥哥："但是我没看过你去打篮球，你什么运动都不做啊！"小月说："虽然我不会打篮球但是我很喜欢看篮球比赛。过几个星期就是我的生日了。如果我能在我生日得到看勒布朗詹姆斯打篮球的票就太好了。我真的要去看勒布朗詹姆斯！"

哥哥笑着："你这么说，是不是要我买票给你过生日啊？"小月也笑着："哥哥，不是啊！不过，如果你想买票给我过生日，我就会快乐极了！"

哥哥："好。从现在起，如果你每天早上出去跑步运动，我就买票给你过生日，好吗？但是你跑步要跑到火车站，不可以跑一下就回来。"小月就说："火车站？！太远了！我跑到车站，可以吗？那儿比火车站近的多了。"哥哥："车站就在我们家的外面，太近了！不可以！"

小月想了后再说："这个问题我过几天才让你知道，好吗？"哥哥大声笑着说："你太过分了。如果你过多几天才让我知道，你就少运动几天了！我不可能让你这样做。"

是啊，哥哥知道小月的想法了。她真的不喜欢运动，但是她又想去看勒布朗詹姆斯打篮球，怎么办呢？

小月："哥哥，别这样的说吗。你这样说是错的！你爱你这个妹妹吗？如果你爱的话，你就不会这么说，因为只要我能起床出去运动都是对我身体好的。多一天，少一天，也没问题啊！"

哥哥看着手表说:"你真会说话。我不跟你说了,我要去上班,我很忙,公司里有很多事情做。"哥哥很快就出门了,一下就不见人。小月都不能说什么了。小月在想,她今天晚上准备几个哥哥最喜欢的菜,再跟哥哥说吧!鱼,羊肉,鸡蛋都是哥哥最喜欢的。好,就这样吧!她希望哥哥会买篮球比赛的票给她。

Pinyin and Translation [5]

小月从小就很喜欢看篮球比赛。她经常在电视里看勒布朗詹姆斯打篮球。他非常高，跑得又快。她想，如果她可以去看篮球比赛她会很高兴的！她真的希望能去看一场篮球比赛。

Xiǎo Yuè cóngxiǎo jiù hěn xǐhuān kàn lánqiú bǐsài. Tā jīngcháng zài diànshì lǐ kàn lēi bùlǎng zhānmǔsī dǎ lánqiú. Tā fēicháng gāo, pǎo dé yòu kuài. Tā xiǎng, rúguǒ tā kěyǐ qù kàn lánqiú bǐsài tā huì hěn gāoxìng de! Tā zhēn de xīwàng néng qù kàn yī chǎng lánqiú bǐsài.

Xiao Yue likes to watch basketball games since she was a child. She often watches LeBron James play basketball on TV. He is very tall and runs fast. She thought to herself, she would be happy if she could go to the basketball game! She hopes to watch a basketball game.

有一天早上，小月和她的哥哥正在吃早饭，哥哥看了报纸后说："看来勒布朗詹姆斯会到中国来打篮球。"小月大声的叫了起来："我要去看！我要去看！"

Yǒu yītiān zǎoshang, Xiǎo Yuè hé tā de gēgē zhèngzài chī zǎofàn, gēgē kànle bàozhǐ hòu shuō:"Kàn lái lēi bùlǎng zhānmǔsī huì dào zhōngguó lái dǎ lánqiú." Xiǎo Yuè dàshēng de jiàole qǐlái:"Wǒ yào qù kàn! Wǒ yào qù kàn!"

One morning, Xiao Yue and her brother were having breakfast. After reading the newspaper, her brother said: "It seems that LeBron James will come to China to play basketball." Xiao Yue shouted loudly: "I want to watch the game! I want to watch the game!"

哥哥瞪大了眼睛看着小月说："你很大声啊！你真的要去看吗？我不知道你这么喜欢看勒布朗詹姆斯打篮球。会不会很难买票？也会很贵吧？"小月就说："虽然是很难买票，我还是要去看，因为勒布朗詹姆斯不是经常来中国打篮球的。他每次打篮球，都打的最好，经常拿第一。如果我这次能看到他打篮球就太好了，我会快乐极了！"

Gēgē dèng dàle yǎnjīng kànzhe Xiǎo Yuè shuō:"Nǐ hěn dàshēng a! Nǐ zhēn de yāo qù kàn ma? Wǒ bù zhīdào nǐ zhème xǐhuān kàn lēi bùlǎng zhānmǔsī dǎ lánqiú. Huì bù huì hěn nán mǎi piào? Yě huì hěn guì ba?" Xiǎo Yuè jiù shuō: "Suīrán shì hěn nán mǎi piào, wǒ háishì yào qù kàn, yīnwèi lēi bùlǎng zhānmǔsī bùshì jīngcháng lái zhōngguó dǎ lánqiú de. Tā měi cì dǎ lánqiú, dōu dǎ di zuì hǎo, jīngcháng ná dì yī. Rúguǒ wǒ zhè cì néng kàn dào tā dǎ lánqiú jiù tài hǎole, wǒ huì kuàilè jíle!"

Her brother widened his eyes and looked at Xiaoyue. "You are very loud! Are you going to watch the game? I didn't know that you like to watch LeBron James play basketball this much. Will it be difficult to buy tickets? It will be expensive too." "Xiao Yue said: "Although it is tough to buy tickets, I still have to go to watch the game because LeBron James does not come to

China often to play basketball. Every time he plays basketball, he is the best, often takes the first place. If I can watch him play basketball this time, I will be thrilled!"

哥哥：" 但是我没看过你去打篮球，你什么运动都不做啊！" 小月说：" 虽然我不会打篮球但是我很喜欢看篮球比赛。过几个星期就是我的生日了。如果我能在我生日得到看勒布朗詹姆斯打篮球的票就太好了。我真的要去看勒布朗詹姆斯！"

Gēgē:"Dànshì wǒ méi kànguò nǐ qù dǎ lánqiú, nǐ shénme yùndòng dōu bù zuò a!" Xiǎo Yuè shuō:"Suīrán wǒ bù huì dǎ lánqiú dànshì wǒ hěn xǐhuān kàn lánqiú bǐsài.Guò jǐ gè xīngqí jiùshì wǒ de shēngrìle. Rúguǒ wǒ néng zài wǒ shēngrì dédào kàn lēi bùlǎng zhānmǔsī dǎ lánqiú de piào jiù tài hǎole. Wǒ zhēn de yāo qù kàn lēi bùlǎng zhānmǔsī!"

Her Brother: "But I haven't seen you play basketball. You don't do any sports!" Xiao Yue said: "Although I don't play basketball, I like watching basketball games. My birthday is in a few weeks. It would be great if I could get a ticket to watch LeBron James play basketball for my birthday. I want to see LeBron James!"

哥哥笑着:" 你这么说，是不是要我买票给你过生日啊？" 小月也笑着：" 哥哥，不是啊！不过，如果你想买票给我过生日，我就会快乐极了！"

Gēgē xiàozhe:"Nǐ zhème shuō, shì bùshì yào wǒ mǎi piào gěi nǐguò shēngrì a?" Xiǎo Yuè yě xiàozhe:"Gēgē, bùguò a! Bùguò, rúguǒ nǐ xiǎng mǎi piào gěi wǒguò shēngrì, wǒ jiù huì kuàilè jíle!"

Her brother smiled: "Are you trying to get me to buy a ticket for your birthday?" Xiao Yue also smiled: "Brother, no! But if you want to buy a ticket for my birthday, I will be extremely happy!"

哥哥："好。从现在起，如果你每天早上出去跑步运动，我就买票给你过生日，好吗？但是你跑步要跑到火车站，不可以跑一下就回来。"小月就说："火车站？！太远了！我跑到公共汽车站，可以吗？那儿比火车站近的多了。"哥哥："公共汽车站就在我们家的外面，太近了！不可以！"

Gēgē:"Hǎo. Cóng xiànzài qǐ, rúguǒ nǐ měitiān zǎoshang chūqù pǎobù yùndòng, wǒ jiù mǎi piào gěi nǐguò shēngrì, hǎo ma? Dànshì nǐ pǎobù yào pǎo dào huǒchē zhàn, bù kěyǐ pǎo yīxià jiù huílái." Xiǎo Yuè jiù shuō:"Huǒchē zhàn?! Tài yuǎnle! Wǒ pǎo dào gōnggòng qìchē zhàn, kěyǐ ma? Nà'er bǐ huǒchē zhàn jìn de duōle." Gēgē:"Gōnggòng qìchē zhàn jiù zài wǒmen jiā de wàimiàn, tài jìnle! Bù kěyǐ!"

Her Brother: "Good. From now on, if you go out for a run every morning, I will buy a ticket for your birthday, okay? But you need to run to the train station, not to a nearby place and back." Xiao Yue said: "The train station?! It's too far! Can I run to the bus station instead? It's much closer than the train station." Brother: "The bus station is just outside our house, it's too close! No!"

小月想了后再说:"这个问题我过几天才让你知道,好吗?"哥哥大声笑着说:"你太过分了。如果你过多几天才让我知道,你就少运动几天了!我不可能让你这样做。"

Xiǎo Yuè xiǎngle hòu zàishuō:"Zhège wèntí wǒguò jǐ tiān cái ràng nǐ zhīdào, hǎo ma?" Gēgē dàshēng xiàozhe shuō:"Nǐ tài guòfènle. Rúguǒ nǐguò duō jǐ tiān cái ràng wǒ zhīdào, nǐ jiù shǎo yùndòng jǐ tiānle! Wǒ bù kěnéng ràng nǐ zhèyàng zuò."

After giving it a thought, Xiao Yue said: "I will let you know my response in a few days, okay?" Brother said loudly: "You are too much. If you let me know in a few days, you will exercise a few days less! I can't let you do this."

是啊,哥哥知道小月的想法了。她真的不喜欢运动,但是她又想去看勒布朗詹姆斯打篮球,怎么办呢?

Shì a, gēgē zhīdào Xiǎo Yuè de xiǎngfǎle. Tā zhēn de bù xǐhuān yùndòng, dànshì tā yòu xiǎng qù kàn lēi bùlǎng zhānmǔsī dǎ lánqiú, zěnme bàn ne?

Yes, her brother read Xiao Yue's thoughts. She doesn't like to exercise, but she wants to watch LeBron James play basketball. What should she do?

WATCH A BASKETBALL GAME 65

小月："哥哥，别这样的说吗。你这样说是错的！你爱你这个妹妹吗？如果你爱的话，你就不会这么说，因为只要我能起床出去运动都是对我身体好的。多一天，少一天，也没问题啊！"

Xiǎo Yuè:"Gēgē, bié zhèyàng de shuō ma. Nǐ zhèyàng shuō shì cuò de! Nǐ ài nǐ zhège mèimei ma? Rúguǒ nǐ ài dehuà, nǐ jiù bù huì zhème shuō, yīnwèi zhǐyào wǒ néng qǐchuáng chūqù yùndòng dōu shì duì wǒ shēntǐ hǎo de. Duō yītiān, shǎo yītiān, yě méi wèntí a!"

Xiao Yue: "Brother, please don't say this. You are wrong! Do you love your sister? If you love me, you won't say such a thing, because as long as I get out of bed to exercise, it will be good for my health. One day more or less is not a problem!"

哥哥看着手表说："你真会说话。我不跟你说了，我要去上班，我很忙，公司里有很多事情做。"哥哥很快就出门了，一下就不见人。小月都不能说什么了。小月在想，她今天晚上准备几个哥哥最喜欢的菜，再跟哥哥说吧！鱼，羊肉，鸡蛋都是哥哥最喜欢的。好，就这样吧！她希望哥哥会买篮球比赛的票给她。

Gēgē kàn zhuó shǒubiǎo shuō:"Nǐ zhēn huì shuōhuà. Wǒ bù gēn nǐ shuōle, wǒ yào qù shàngbān, wǒ hěn máng, gōngsī li yǒu hěnduō shìqíng zuò." Gēgē hěn kuài jiù chūménle, yīxià jiù bùjiàn rén. Xiǎo Yuè dōu bùnéng shuō shénmeliǎo. Xiǎo Yuè zài xiǎng, tā jīntiān wǎnshàng zhǔnbèi jǐ gè gēgē zuì xǐhuān de cài, zài gēn gēgē shuō ba! Yú, yángròu, jīdàn dōu shì gēgē zuì xǐhuān de. Hǎo, jiù zhèyàng ba! Tā xīwàng gēgē huì mǎi lánqiú bǐsài de piào gěi tā.

Her brother looked at his watch and said, "You can really talk. I have to go to work now. I am very busy, there are many things to do in the office." Her brother left the house quickly before Xiao Yue can say anything. Xiao Yue planned to prepare a few of her brother's favourite dishes tonight, and then talk to her brother again! Fish, lamb, and eggs are her brother's favourite. Ok, that's it! She hopes that her brother will buy a ticket for her basketball game.

Statistics for Story [6]

480 Total Word Count

142 Number of Unique Words

52 (34.67 %) of the 150 HSK 2 words are used in this Story

97.5 % of the Story comprise of the Extended HSK 1&2 words

9 New Words

New Words	Pinyin	Explanation
如果	rú guǒ	If, in case, in the event that
只	zhǐ	Only, merely, just
庆祝	qìngzhù	Celebrate
换	huàn	Change
起来	qǐlái	To stand up, to get up
包间	bāojiān	Private room
这位	zhè wèi	This
钱包	qiánbāo	Wallet
成	chéng	Become, turn into

[6] Planning Wife's Birthday
准备给妻子过生日

有个丈夫第一次给他的妻子过生日。但是他不知道要怎么做。去年他们在家里过生日，但是今年他的妻子想去外面庆祝生日。妻子的朋友都喜欢在宾馆庆祝生日，所以有个朋友介绍了一个大宾馆的服务员给这位丈夫，还告诉他这个服务员帮助丈夫准备他妻子的生日。

想了好几天后，他觉得去问宾馆的服务员还是最好的。到了宾馆：

丈夫：过几天就是我妻子的生日。

服务员：您和您的妻子可以在这儿过生日。我们有很多饭菜，请进来看看吧。

丈夫：我想请几个朋友来一起吃饭。你们这儿能包间吗？

服务员：我们有八个房间。您要不要看一下？

丈夫：房间里可以唱歌吗？我的妻子和她的朋友很喜欢唱歌。

服务员：有几个房间是可以唱歌的。

丈夫看了每个房间后：

服务员：怎么样？您觉得哪个房间好？

丈夫：左边这个房间看起来不错。但是我妻子不喜欢红色。你们可以换成白色的椅子吗？

服务员：可以。这个没问题。

丈夫：还有这些黑色的东西可以拿走吗？我妻子也不喜欢黑色。

服务员：可以。这个也是没问题的。还要什么吗？

丈夫：你们要多长的时间来准备我妻子的生日？

服务员：那是要看您的妻子想怎么庆祝生日了。您们有几个人？

丈夫：六个人。

服务员：对不起，如果您只有六个人，这个房间是大了，因为这个房间是二十人的房间。这个大房间也很贵。右边这个比那儿小。这是个十人房间，也可以唱歌。

丈夫：这个房间虽然不错，但是我的妻子会非常不喜欢这个桌子的颜色。左边这个房间呢？

服务员：我们不可以拿走桌子啊。拿走的话，您们怎么吃饭呢？左边这个房间不可以唱歌的。

丈夫：那也是啊。好吧。就右边这个房间吧。你们这儿有咖啡吗？我妻子不喜欢喝茶。

服务员：我们有咖啡。

丈夫：还有，我要牛奶和红鸡蛋。

服务员：我们都有。

丈夫：那多少钱？

服务员：九千块。

丈夫：这么贵啊？

服务员：不贵了。您要什么我们都能做给你。您的妻子会非常高兴。

丈夫：但是我的钱包会不高兴啊！我还是去外面的面馆儿看一下吧。

Pinyin and Translation [6]

有个丈夫第一次给他的妻子过生日。但是他不知道要怎么做。去年他们在家里过生日，但是今年他的妻子想去外面庆祝生日。妻子的朋友都喜欢在宾馆庆祝生日，所以有个朋友介绍了一个大宾馆的服务员给这位丈夫，还告诉他这个服务员帮助丈夫准备他妻子的生日。

Yǒu gè zhàngfū dì yī cì gěi tā de qīziguò shēngrì. Dànshì tā bù zhīdào yào zěnme zuò. Qùnián tāmen zài jiālǐguò shēngrì, dànshì jīnnián tā de qīzi xiǎng qù wàimiàn qìngzhù shēngrì. Qīzi de péngyǒu dōu xǐhuān zài bīnguǎn qìngzhù shēngrì, suǒyǐ yǒu gè péngyǒu jièshàole yīgè dà bīnguǎn de fúwùyuán gěi zhè wèi zhàngfū, hái gàosù tā zhège fúwùyuán bāngzhù zhàngfū zhǔnbèi tā qīzi de shēngrì.

A husband is planning for his wife's birthday celebration for the first time. But he doesn't know what to do. They had a birthday celebration at home last year, but this year his wife wants to go out to celebrate her birthday. His wife's friends like to celebrate their birthdays at the hotel, so a friend introduced a waiter of a big hotel to the husband and told him that the waiter would help him prepare his wife's birthday.

想了好几天后，他觉得去问宾馆的服务员还是最好的。到了宾馆：

Xiǎngle hǎojǐ tiānhòu, tā juédé qù wèn bīnguǎn de fúwùyuán háishì zuì hǎo de. Dàole bīnguǎn:

After thinking about it for a few days, he felt that it is better to ask the hotel's waiter what to do. At the hotel:

丈夫：过几天就是我妻子的生日。

Zhàngfū: Guò jǐ tiān jiùshì wǒ qīzi de shēngrì.

Husband: My wife's birthday is in a few days.

服务员：您和您的妻子可以在这儿过生日。我们有很多饭菜，请进来看看吧。

Fúwùyuán: Nín hé nín de qī zǐ kěyǐ zài zhè'erguò shēngrì. Wǒmen yǒu hěnduō fàncài, qǐng jìnlái kàn kàn ba.

Waiter: You and your wife can have a birthday celebration here. We have a lot of dishes. Please come in and have a look.

丈夫：我想请几个朋友来一起吃饭。你们这儿能包间吗？

Zhàngfū: Wǒ xiǎng qǐng jǐ gè péngyǒu lái yīqǐ chīfàn. Nǐmen zhè'er néng bāojiān ma?

Husband: I want to invite a few friends . Do you have any private room here?

服务员：我们有八个房间。您要不要看一下？

Fúwùyuán: Wǒmen yǒu bā gè fángjiān. Nín yào bùyào kàn yīxià?

Waiter: We have a eight rooms. Would you like to have a look?

丈夫：房间里可以唱歌吗？我的妻子和她的朋友很喜欢唱歌。

Zhàngfū: Fángjiān lǐ kěyǐ chànggē ma? Wǒ de qīzi hé tā de péngyǒu hěn xǐhuān chànggē.

Husband: Can we sing in the room? My wife and her friends like to sing.

服务员：有几个房间是可以唱歌的。

Fúwùyuán: Yǒu jǐ gè fángjiān shì kěyǐ chànggē de.

Waiter: We have a few rooms that you can sing in.

丈夫看了每个房间后：

Zhàngfū kànle měi gè fángjiān hòu:

After the husband looked at each room:

服务员：怎么样？您觉得哪个房间好？

Fúwùyuán: Zěnme yàng? Nín juédé nǎge fángjiān hǎo?

Waiter: What do you think? Which room do you is good for you?

丈夫：左边这个房间看起来不错。但是我妻子不喜欢红色。你们可以换成白色的椅子吗？

Zhàngfū: Zuǒbiān zhège fángjiān kàn qǐlái bu cuò. Dànshì wǒ qīzi bù xǐhuān hóngsè. Nǐmen kěyǐ huàn chéng báisè de yǐzi ma?

Husband: This room on the left looks good. But my wife doesn't like red. Can you change the chairs to white?

服务员：可以。这个没问题。

Fúwùyuán: Kěyǐ. Zhège méi wèntí.

Waiter: Yes. no problem.

丈夫：还有这些黑色的东西可以拿走吗？我妻子也不喜欢黑色。

Zhàngfū: Hái yǒu zhèxiē hēisè de dōngxī kěyǐ ná zǒu ma? Wǒ qīzi yě bù xǐhuān hēisè.

Husband: Can these black things be taken away? My wife doesn't like black either.

服务员：可以。这个也是没问题的。还要什么吗？

Fúwùyuán: Kěyǐ. Zhège yěshì méi wèntí de. Hái yào shénme ma?

Waiter: Yes. This is no problem. Is there anything else?

丈夫：你们要多长的时间来准备我妻子的生日？

Zhàngfū: Nǐmen yào duō zhǎng de shíjiān lái zhǔnbèi wǒ qīzi de shēngrì?

Husband: How long do you need to prepare for my wife's birthday?

服务员：那是要看您的妻子想怎么庆祝生日了。您们有几个人？

Fúwùyuán: Nà shì yào kàn nín de qīzi xiǎng zěnme qìngzhù shēngrìle. Nínmen yǒu jǐ gèrén?

Waiter: It depends on how your wife wants to celebrate her birthday. How many person do you have?

丈夫：六个人。

Zhàngfū: Liù gèrén.

Husband: Six persons.

服务员：对不起，如果您只有六个人，这个房间是大了，因为这个房间是二十人的房间。这个大房间也很贵。右边这个比那儿小。这是个十人房间，也可以唱歌。

Fúwùyuán: Duìbùqǐ, rúguǒ nín zhǐyǒu liù gèrén, zhège fángjiān shì dàle, yīnwèi zhège fángjiān shì èrshí rén de fángjiān. Zhège dà fángjiān yě hěn guì. Yòubiān zhège bǐ nà'er xiǎo. Zhè shìge shí rén fángjiān, yě kěyǐ chànggē.

Waiter: Sorry, if you only have six persons, this room is too big, because this room is a room for twenty persons. This large room is also very expensive. The one on the right is a smaller ten-person room, and you can sing in it.

丈夫：这个房间虽然不错，但是我的妻子会非常不喜欢这个桌子的颜色。左边这个房间呢？

Zhàngfū: Zhège fángjiān suīrán bùcuò, dànshì wǒ de qīzi huì fēicháng bù xǐhuān zhège zhuōzi de yánsè. Zuǒbiān zhège fángjiān ne?

Husband: Although this room is good, my wife will not like the color of this table very much. What about the room on the left?

服务员：我们不可以拿走桌子啊。拿走的话，您们怎么吃饭呢？左边这个房间不可以唱歌的。

Fúwùyuán: Wǒmen bù kěyǐ ná zǒu zhuōzi a. Ná zǒu dehuà, nínmen zěnme chīfàn ne? Zuǒbiān zhège fángjiān bù kěyǐ chànggē de.

Waiter: We can't take the table away. If we take it away, how could you eat? And you can't sing in the room on the left.

丈夫：那也是啊。好吧。就右边这个房间吧。你们这儿有咖啡吗？我妻子不喜欢喝茶。

Zhàngfū: Nà yěshì a. Hǎo ba. Jiù yòubiān zhège fángjiān ba. Nǐmen zhè'er yǒu kāfēi ma? Wǒ qīzi bù xǐhuān hē chá.

Husband: That is true. Ok. I'll take the room on the right. Do you have coffee here? My wife doesn't like to drink tea.

服务员：我们有咖啡。

Fúwùyuán: Wǒmen yǒu kāfēi.

Waiter: We have coffee.

丈夫：还有，我要牛奶和红鸡蛋。

Zhàngfū: Hái yǒu, wǒ yào niúnǎi hé hóng jīdàn.

Husband: I also want milk and red eggs.

服务员：我们都有。

服务员：我们都有。

Fúwùyuán: Wǒmen dōu yǒu.

Waiter: We have them all.

丈夫：那多少钱？

Zhàngfū: Nà duōshǎo qián?

Husband: How much?

服务员：九千块。

Fúwùyuán: Jiǔqiān kuài.

Waiter: Nine thousand dollars.

丈夫：这么贵啊？

Zhàngfū: Zhème guì a?

Husband: So expensive?

服务员：不贵了。您要什么我们都能做给你。您的妻子会非常高兴。

Fúwùyuán: Bù guìle. Nín yào shénme wǒmen dōu néng zuò gěi nǐ. Nín de qīzi huì fēicháng gāoxìng.

Waiter: Not expensive. We can meet all of your requests. Your wife will be very happy.

丈夫：但是我的钱包会不高兴啊！我还是去外面的面馆儿看一下吧。

Zhàngfū: Dànshì wǒ de qiánbāo huì bù gāoxìng a! Wǒ háishì qù wàimiàn de miànguǎn er kàn yīxià ba.

Husband: But my wallet will be upset! I will check out the noodle house outside.

Statistics for Story [7]

576 Total Word Count

162 Number of Unique Words

62 (41.33 %) of the 150 HSK 2 words are used in this Story

86.63 % of the Story comprise of the Extended HSK 1&2 words

21 New Words

New Words	Pinyin	Explanation
如果	rú guǒ	If, in case, in the event that
只	zhǐ	Only, merely, just
王	wáng	Surname Wang
李	lǐ	Surname Lee
比赛	bǐsài	Match, game. competition
赢	yíng	Win
村	cūn	Village
村长	cūn zhǎng	Village head
场	chǎng	Match
报名	bàomíng	Sign up, register
又	yòu	Also
把	bǎ	To handle
难	nán	Difficult, hard
突然	túrán	Suddenly

户	hù	Household
张	zhāng	Piece
参加	cānjiā	Participate
年轻	niánqīng	Young
一样	yīyàng	Same, alike, like
才	cái	Only, just
起来	qǐlái	to stand up, to get up

[7] Village Football Match
村里的足球比赛

这个村里，住了一百户人家。五十家姓李，还有五十家姓王。因为这村人很爱踢足球，所以他们每年都有一场足球比赛，看哪家人踢得最好。

姓王的那家人赢了去年的足球比赛，三比零。今年李家把他们年轻的孩子都叫回到村里帮助李家赢这一场足球比赛。有的坐公共汽车，有的坐火车，很长的路才回到村里。

今年这一场足球比赛比去年的比赛不一样。今年男女一起踢足球。这是因为村里女的比男的多。太少人踢足球就没有意思，那也只能女的也一起踢足球了。

有的人说，男的比女的高大，女的就不可能赢男的。女的也跑的比男的慢。看来，多男的那家就会赢这一场足球比赛了。

村长告诉大家："从现在开始到今天晚上七点，想报名参加足球比赛的就拿着铅笔在这儿写他的姓名。七点过后就不能再报名了。"

要踢足球的都已经报名了。姓王的那家女的比姓李的多。看来，姓王的今年可能很难赢这场比赛了。

到了比赛那天，姓王的穿着白色的衣服，姓李的就穿着黑色的衣服。那天虽然是晴天，但是很冷，也没有人知道会不会下雪。如果下雪的话，姓王的可能可以赢啊！

九点时，比赛开始了！第一个球是姓李的踢进去。现在是一比零。过了十分钟，姓李的又踢进了一球。

过了一小时，姓李的五球，姓王的零球。突然，天阴下雪了。男的就不能跑得太快。姓王的踢了他们的第一球进去。几分钟后又踢了一球进去。一球又一球，慢慢的，姓王的那家人就已经踢进了五球。

最后的五分钟时是五比五。还不知道谁会赢。女的在男的旁边，一起跑的那么快。男的虽然比女的高得多，但是很难在雪上跑的快。在最后一分钟，姓王的踢进了最后一球。姓王那家人的快乐的跳了起来。他们再一次赢了！

村长告诉大家今天晚上请了很多人来村里唱歌跳舞吃饭。还有，村长会送赢家每个人一张去北京旅游的票。赢家要明天七点早上到村长的家拿票。大家就早点儿回家休息，早点儿起床来拿票。谁没来拿票，村长就会把票送给别人了。

Pinyin and Translation [7]

这个村里，住了一百户人家。五十家姓李，还有五十家姓王。因为这村人很爱踢足球，所以他们每年都有一场足球比赛，看哪家人踢得最好。

Zhège cūnlǐ, zhùle yībǎi hù rénjiā. Wǔshí jiā xìng lǐ, hái yǒu wǔshí jiā xìng wáng. Yīnwèi zhè cūnrén hěn ài tī zúqiú, suǒyǐ tāmen měinián dōu yǒuyī chǎng zúqiú bǐsài, kàn nǎ jiā rén tī dé zuì hǎo.

There are 100 families living in this village. Fifty families are surname Li, and the other fifty are surname Wang. Because the villagers love to play football, they have a football match every year to decide which family plays the best.

姓王的那家人赢了去年的足球比赛，三比零。今年李家把他们年轻的孩子都叫回到村里帮助李家赢这一场足球比赛。有的坐公共汽车，有的坐火车，很长的路才回到村里。

Xìng wáng dì nà jiārén yíngle qùnián de zúqiú bǐsài, sān bǐ líng. Jīnnián lǐ jiā bǎ tāmen niánqīng de háizi dōu jiào huí dào cūnlǐ bāngzhù lǐ jiā yíng zhè yī chǎng zúqiú bǐsài. Yǒu de zuò gōnggòng qìchē, yǒu de zuò huǒchē, hěn zhǎng de lù cái huí dào cūnlǐ.

The Wang family won the football match last year, three to zero. This year, the Li family called all their young persons back to the village to help the Li family win this football match. Some of them took the bus, some took the train, and they returned to the village after a long journey.

今年这一场足球比赛比去年的比赛不一样。今年男女一起踢足球。这是因为村里女的比男的多。太少人踢足球就没有意思，那也只能女的也一起踢足球了。

Jīnnián zhè yī chǎng zúqiú bǐsài bǐ qùnián de bǐsài bù yīyàng. Jīnnián nánnǚ yīqǐ tī zúqiú. Zhè shì yīnwèi cūnlǐ nǚ de bǐ nán de duō. Tài shǎo rén tī zúqiú jiù méiyǒu yìsi, nà yě zhǐ néng nǚ de yě yīqǐ tī zúqiúle.

This year's football match is different from last year's match. This year, men and women will be playing football together. This is because there are more women in the village than men. As it is meaningless to have too few people to play football, thus, women have been asked to play football also.

有的人说，男的比女的高大，女的就不可能赢男的。女的也跑的比男的慢。看来，多男的那家就会赢这一场足球比赛了。

Yǒu de rén shuō, nán de bǐ nǚ de gāodà, nǚ de jiù bù kěnéng yíng nán de. Nǚ de yě pǎo de bǐ nán de màn. Kàn lái, duō nán dì nà jiā jiù huì yíng zhè yī chǎng zúqiú bǐsàile.

Some people said that female players could not beat male because men are taller than women. Women also run slower than men. It seems that the team with more men will win this football match.

村长告诉大家："从现在开始到今天晚上七点，想报名参加足球比赛的就拿着铅笔在这儿写他的姓名。七点过后就不能再报名了。"

Cūn zhǎng gàosù dàjiā:"Cóng xiànzài kāishǐ dào jīntiān wǎnshàng qī diǎn, xiǎng bàomíng cānjiā zúqiú bǐsài de jiù názhe qiānbǐ zài zhè'er xiě tā de xìngmíng. Qī diǎn guòhòu jiù bùnéng zài bàomíngle."

The village chief told everyone: "From now until 7 o'clock this evening if you want to sign up for the football match, you should write your name here with a pencil. You won't be able to sign up after 7:00."

要踢足球的都已经报名了。姓王的那家女的比姓李的多。看来，姓王的今年可能很难赢这场比赛了。

Yào tī zúqiú de dōu yǐjīng bàomíngle. Xìng wáng dì nà jiā nǔ de bǐ xìng lǐ de duō. Kàn lái, xìng wáng de jīnnián kěnéng hěn nán yíng zhè chǎng bǐsàile.

Those who want to play football have already signed up. There were more female players in the Wang family than the Li family. The Wang family may have a hard time winning this match.

VILLAGE FOOTBALL MATCH

到了比赛那天，姓王的穿着白色的衣服，姓李的就穿着黑色的衣服。那天虽然是晴天，但是很冷，也没有人知道会不会下雪。如果下雪的话，姓王的可能可以赢啊！

Dàole bǐsài nèitiān, xìng wáng de chuānzhuó báisè de yīfú, xìng lǐ de jiù chuānzhuó hēisè de yīfú. Nèitiān suīrán shì qíngtiān, dànshì hěn lěng, yě méiyǒu rén zhīdào huì bù huì xià xuě. Rúguǒ xià xuě dehuà, xìng wáng de kěnéng kěyǐ yíng a!

On the day of the match, the Wang family was wearing white jerseys, and the Li was wearing black jerseys. Although it was a sunny day, it was very cold, and no one knew if it would snow. If it snows, the Wang family may win!

九点时，比赛开始了！第一个球是姓李的踢进去。现在是一比零。过了十分钟，姓李的又踢进了一球。

Jiǔ diǎn shí, bǐsài kāishǐle! Dì yī gè qiú shì xìng lǐ de tī jìnqù. Xiànzài shì yī bǐ líng. Guòle shí fēnzhōng, xìng lǐ de yòu tī jìnle yī qiú.

At nine o'clock, the match started! The first goal was kicked in by the Li family. It is now one to zero. After ten minutes, the Li family scored another goal.

过了一小时，姓李的五球，姓王的零球。突然，天阴下雪了。男的就不能跑得太快。姓王的踢了他们的第一球进去。几分钟后又踢了一球进去。一球又一球，慢慢的，姓王的那家人就已经踢进了五球。

Guòle yī xiǎoshí, xìng lǐ de wǔ qiú, xìng wáng de líng qiú. Túrán, tiān yīn xià xuěle. Nán de jiù bùnéng pǎo dé tài kuài. Xìng wáng de tīle tāmen de dì yī qiú jìnqù. Jǐ fēnzhōng hòu yòu tīle yī qiú jìnqù. Yī qiú yòu yī qiú, màn man de, xìng wáng dì nà jiārén jiù yǐjīng tī jìnle wǔ qiú.

After an hour, the Li family scored five goals, zero goal for the Wang family. Suddenly, the sky became cloudy and it began to snow. The male players can't run that fast anymore. The Wang family scored their first goal. After a few minutes, Wang family scored another goal. One goal after another, the Wang family scored five goals.

最后的五分钟时是五比五。还不知道谁会赢。女的在男的旁边，一起跑的那么快。男的虽然比女的高得多，但是很难在雪上跑的快。在最后一分钟，姓王的踢进了最后一球。姓王那家人的快乐的跳了起来。他们再一次赢了！

Zuìhòu de wǔ fēnzhōng shí shì wǔ bǐ wǔ. Hái bù zhīdào shéi huì yíng. Nǚ de zài nán de pángbiān, yīqǐ pǎo dì nàme kuài. Nán de suīrán bǐ nǚ de gāo dé duō, dànshì hěn nán zài xuěshàng pǎo de kuài. Zài zuìhòu yī fēnzhōng, xìng wáng de tī jìnle zuìhòu yī qiú. Xìng wáng nà jiārén de kuàilè de tiàole qǐlái. Tāmen zài yīcì yíngle!

In the last five minutes the score was five to five. It is still undecided who will win. The female players ran side by side with the male players. Although men are much taller than women, it is difficult to run fast on the snow. In the last minute, the Wang family scored the final goal. The Wang family jumped up happily. They won again!

村长告诉大家今天晚上请了很多人来村里唱歌跳舞吃饭。还有，村长会送赢家每个人一张去北京旅游的票。赢家要明天七点早上到村长的家拿票。大家就早点儿回家休息，早点儿起床来拿票。谁没来拿票，村长就会把票送给别人了。

Cūn zhǎng gàosù dàjiā jīntiān wǎnshàng qǐngle hěnduō rén lái cūnlǐ chànggē tiàowǔ chīfàn. Hái yǒu, cūn zhǎng huì sòng yíngjiā měi gèrén yī zhāng qù běijīng lǚyóu de piào. Yíngjiā yào míngtiān qī diǎn zǎoshang dào cūn zhǎng de jiā ná piào. Dàjiā jiù zǎodiǎn er huí jiā xiūxí, zǎodiǎn er qǐchuáng lái ná piào. Shéi méi lái ná piào, cūn zhǎng jiù huì bǎ piào sòng gěi biérénle.

The village chief told everyone that a lot of people were invited to the village to sing and dance and dine this evening. Also, the village chief will give each winning team player a ticket to Beijing. The player must take the ticket at the village chief's house at 7:00 tomorrow morning. They should go home and rest early, get up early to collect the ticket. If anyone fails to collect the ticket, the village chief will give the ticket to someone else.

Statistics for Story [8]

543 Total Word Count

164 Number of Unique Words

64 (42.67 %) of the 150 HSK 2 words are used in this Story

94.48 % of the Story comprise of the Extended HSK 1&2 words

11 New Words

New Words	Pinyin	Explanation
只	zhǐ	Only, merely, just
玩具	wánjù	Toy
收藏品	shōucáng pǐn	Collectibles
年级	niánjí	Grade
极	jí	Extremely, utmost
听话	tīnghuà	Obedient
以前	yǐqián	Before, prior to this
用	yòng	Use
复仇者	fùchóu zhě	The Avengers
应该	yīnggāi	Should, ought to
才	cái	Only, just

[8] Obedient Husband
听话的丈夫

以前是妻子要听丈夫的话。现在是丈夫要听妻子的话。有一个丈夫,他今年四十五岁,经常到外国工作。他妻子的年级比他小得多,才二十八岁。因为妻子的年级比丈夫小,所以丈夫很听妻子的话。

他们有一个孩子。这个孩子真的很喜欢玩儿。丈夫买了很多玩具给孩子玩儿。但是妻子觉得孩子应该读书,不要每天都在玩儿。

有一天,丈夫从外国回来,妻子和儿子就一起去机场接丈夫。丈夫买了很多复仇者玩具送给孩子。虽然孩子非常高兴,但是妻子不喜欢丈夫买这么多玩具给孩子。她要孩子用多点儿时间读书,不是每天在玩儿玩具。

这个孩子高兴极了。等孩子睡着后,妻子就叫丈夫来一起喝咖啡:

妻子:爱人,你今天是不是很累啊?

丈夫：有点儿累。明天早上，我还要去公司上班，因为有几个新人在公司里开始工作。对不起，我这么忙，很多事情还没做完，所以没时间打电话给你。我在外国的那一个星期，我真的好想你啊。

妻子：我知道你很忙。我没事啊。你别多想了。今天晚上的菜好吃吗？羊肉还可以吗？

丈夫：真好吃啊！都是我最喜欢吃的菜。你这个星期怎么样？

妻子：这个星期不错。儿子很听话，每天上课后都在家里读书，没出去玩儿。考试也考第一。爱人，你买了这么多玩具给儿子，儿子会不会只在想玩儿，不想读书？

丈夫：我觉得儿子不会一直想玩儿的。

妻子：爱人，我觉得儿子的玩具已经很多了，我希望你别再买玩具给儿子了。报纸也写着，玩具对孩子不好。还有，过几年后，他就不会再玩这些玩具了。这些玩具也不便宜啊。

丈夫：虽然这些玩具不便宜，但是它们都是收藏品，几年后，这些玩具会比现在贵啊。

妻子：但是你已经让儿子玩儿这些收藏品了。这么贵的东西还是别给儿子吧。让儿子好好读书。

丈夫：好，你说得对。来，你看，这块手表漂亮吗？

妻子：很漂亮。白色是我最喜欢的颜色。

丈夫：送给你。喜欢吗？

妻子：很喜欢。谢谢。

丈夫：这块手表在中国卖得很贵因为它是收藏品。但是我在外国买就很便宜了。

妻子：我觉得你买手表给我比买那些玩具好。

丈夫：好吧。从今天开始，我就只买东西给我最爱的妻子，不买玩具了。

妻子：那我会快乐极了！

Pinyin and Translation [8]

以前是妻子要听丈夫的话。现在是丈夫要听妻子的话。有一个丈夫，他今年四十五岁，经常到外国工作。他妻子的年级比他小得多，才二十八岁。因为妻子的年级比丈夫小，所以丈夫很听妻子的话。

Yǐqián shì qīzi yào tīng zhàngfū dehuà. Xiànzài shì zhàngfū yào tīng qīzi dehuà. Yǒu yīgè zhàngfū, tā jīnnián sìshíwǔ suì, jīngcháng dào wàiguó gōngzuò. Tā qīzi de niánjí bǐ tā xiǎo dé duō, cái èrshíbā suì. Yīnwèi qīzi de niánjí bǐ zhàngfū xiǎo, suǒyǐ zhàngfū hěn tīng qīzi dehuà.

It used to be the wives' obligation to obey their husbands' wishes. It is now the husbands' role to obey their wives. There is a husband who is forty-five years old and often go abroad for work. His wife is much younger than him, only twenty-eight years old. Because the wife's much younger than the husband, the husband often listens to his wife.

他们有一个孩子。这个孩子真的很喜欢玩儿。丈夫买了很多玩具给孩子玩儿。但是妻子觉得孩子应该读书，不要每天都在玩儿。

Tāmen yǒu yīgè háizi. Zhège háizi zhēn de hěn xǐhuān wán er. Zhàngfū mǎile hěnduō wánjù gěi hái zǐ wán er. Dànshì qīzi juédé háizi yīnggāi dúshū, bùyào měitiān dū zài wán er.

They have a child. This child likes to play. The husband bought a lot of toys for the child to play. But the wife thinks the child should study and shouldn't play every day.

有一天，丈夫从外国回来，妻子和儿子就一起去机场接丈夫。丈夫买了很多复仇者玩具送给孩子。虽然孩子非常高兴，但是妻子不喜欢丈夫买这么多玩具给孩子。她要孩子用多点儿时间读书，不是每天在玩儿玩具。

Yǒu yītiān, zhàngfū cóng wàiguó huílái, qīzi hé érzi jiù yīqǐ qù jīchǎng jiē zhàngfū. Zhàngfū mǎile hěnduō fùchóu zhě wánjù sòng gěi háizi. Suīrán háizi fēicháng gāoxìng, dànshì qīzi bù xǐhuān zhàngfū mǎi zhème duō wánjù gěi háizi. Tā yào háizi yòng duō diǎn er shíjiān dúshū, bùshì měitiān zài wán er wánjù.

One day, when the husband came back from overseas, his wife and son went to the airport to pick the husband up. The husband bought a lot of Avengers toys for the child. Although the child was delighted, the wife didn't like her husband buying so many toys for the child. She wants the child to spend more time studying, not playing toys every day.

这个孩子高兴极了。等孩子睡着后，妻子就叫丈夫来一起喝咖啡：

Zhège háizi gāoxìng jíle. Děng háizi shuìzhe hòu, qīzi jiù jiào zhàngfū lái yīqǐ hē kāfēi:

This child was very happy. After the child fell asleep, the wife asked her husband to have coffee with her:

妻子：爱人，你今天是不是很累啊？

Qīzi: Àirén, nǐ jīntiān shì bùshì hěn lèi a?

Wife: Love, are you tired?

丈夫：有点儿累。明天早上，我还要去公司上班，因为有几个新人在公司里开始工作。对不起，我这么忙，很多事情还没做完，所以没时间打电话给你。我在外国的那一个星期，我真的好想你啊。

Zhàngfū: Yǒudiǎn er lèi. Míngtiān zǎoshang, wǒ hái yào qù gōngsī shàngbān, yīnwèi yǒu jǐ gè xīnrén zài gōngsī lǐ kāishǐ gōngzuò. Duìbùqǐ, wǒ zhème máng, hěnduō shìqíng hái méi zuò wán, suǒyǐ méi shíjiān dǎ diànhuà gěi nǐ. Wǒ zài wàiguó dì nà yīgè xīngqí, wǒ zhēn de hǎo xiǎng nǐ a.

Husband: A little bit. Tomorrow morning, I have to go to the office to work because there will be several new people starting work. Sorry, I have been so busy, a lot of things have not been done yet, so I have no time to call you. I really missed you when I was abroad this week.

妻子：我知道你很忙。我没事啊。你别多想了。今天晚上的菜好吃吗？羊肉还可以吗？

OBEDIENT HUSBAND

Qīzi: Wǒ zhīdào nǐ hěn máng. Wǒ méishì a. Nǐ bié duō xiǎngle. Jīntiān wǎnshàng de cài hào chī ma? Yángròu hái kěyǐ ma?

Wife: I know that you are very busy. Don't worry too much about it. How were the dishes this evening? Is the mutton ok?

丈夫：真好吃啊！都是我最喜欢吃的菜。你这个星期怎么样？

Zhàngfū: Zhēn hào chī a! Dōu shì wǒ zuì xǐhuān chī de cài. Nǐ zhège xīngqí zěnme yàng?

Husband: Delicious! Those are my favourite dishes. How have you been this week?

妻子：这个星期不错。儿子很听话，每天上课后都在家里读书，没出去玩儿。考试也考第一。爱人，你买了这么多玩具给儿子，儿子会不会只在想玩儿，不想读书？

Qīzi: Zhège xīngqí bùcuò. Érzi hěn tīnghuà, měitiān shàngkè hòu dōu zài jiālǐ dúshū, méi chūqù wán er. Kǎoshì yě kǎo dì yī. Àirén, nǐ mǎile zhème duō wánjù gěi érzi, érzi huì bù huì zhǐ zài xiǎng wán er, bùxiǎng dúshū?

Wife: This week has been excellent. The son has been very obedient, studying at home after school every day, and didn't go out to play. He also got the first in his exam. Love, you bought so many toys for our son, he will want to play and not study, wouldn't he?

丈夫：我觉得儿子不会一直想玩儿的。

Zhàngfū: Wǒ juédé érzi bù huì yīzhí xiǎng wán er de.

Husband: I don't think our son will always want to play.

妻子：爱人，我觉得儿子的玩具已经很多了，我希望你别再买玩具给儿子了。报纸也写着，玩具对孩子不好。还有，过几年后，他就不会再玩这些玩具了。这些玩具也不便宜啊。

Qīzi: Àirén, wǒ juédé érzi de wánjù yǐjīng hěnduōle, wǒ xīwàng nǐ bié zài mǎi wánjù gěi érzile. Bàozhǐ yě xiězhe, wánjù duì háizi bù hǎo. Hái yǒu, guò jǐ nián hòu, tā jiù bù huì zài wán zhèxiē wánjùle. Zhèxiē wánjù yě bù piányí a.

Wife: Love, I think our son has a lot of toys. I hope you won't buy toys for our son anymore. The newspaper also said that toys are not suitable for children. Also, after a few years, he will not want to play these toys anymore. These toys are not cheap, either.

丈夫：虽然这些玩具不便宜，但是它们都是收藏品，几年后，这些玩具会比现在贵啊。

Zhàngfū: Suīrán zhèxiē wánjù bù piányí, dànshì tāmen dōu shì shōucáng pǐn, jǐ nián hòu, zhèxiē wánjù huì bǐ xiànzài guì a.

Husband: Although these toys are not cheap, they are all collectibles. After a few years, these toys will be more expensive than they are now.

妻子：但是你已经让儿子玩儿这些收藏品了。这么贵的东西还是别给儿子吧。让儿子好好读书。

Qīzi: Dànshì nǐ yǐjīng ràng ér zǐ wán er zhèxiē shōucáng pǐnle. Zhème guì de dōngxī háishì bié gěi érzi ba. Ràng érzi hǎo hǎo dúshū.

Wife: But you have let our son play with these collectibles. Don't give our son something so expensive. Let our son study hard.

丈夫：好，你说得对。来，你看，这块手表漂亮吗？

Zhàngfū: Hǎo, nǐ shuō dé duì. Lái, nǐ kàn, zhè kuài shǒubiǎo piàoliang ma?

Husband: Ok, you are right. Come, take a look, is this watch beautiful?

妻子：很漂亮。白色是我最喜欢的颜色。

Qīzi: Hěn piàoliang. Báisè shì wǒ zuì xǐhuān de yánsè.

Wife: Very beautiful. White is my favorite color.

丈夫：送给你。喜欢吗？

Zhàngfū: Sòng gěi nǐ. Xǐhuān ma?

Husband: It is for you. Do you like it?

妻子：很喜欢。谢谢。

Qīzi: Hěn xǐhuān. Xièxiè.

Wife: I like it very much. Thank you.

丈夫：这块手表在中国卖得很贵因为它是收藏品。但是我在外国买就很便宜了。

Zhàngfū: Zhè kuài shǒubiǎo zài zhōngguó mài dé hěn guì yīnwèi tā shì shōucáng pǐn. Dànshì wǒ zài wàiguó mǎi jiù hěn piányíle.

Husband: This watch is very expensive in China because it is a collectible. But I bought it very cheap overseas.

妻子：我觉得你买手表给我比买那些玩具好。

Qīzi: Wǒ juédé nǐ mǎi shǒubiǎo gěi wǒ bǐ mǎi nàxiē wánjù hǎo.

Wife: I think you should buy watches for me, better than buying those toys.

丈夫：好吧。从今天开始，我就只买东西给我最爱的妻子，不买玩具了。

Zhàngfū: Hǎo ba. Cóng jīntiān kāishǐ, wǒ jiù zhǐ mǎi dōngxī gěi wǒ zuì ài de qīzi, bú mǎi wánjùle.

Husband: Ok. Starting today, I will only buy things for my lovely wife, not toys.

妻子：那我会快乐极了！

Qīzi: Nà wǒ huì kuàilè jíle!

Wife: Then I will be very happy!

Statistics for Story [9]

563 Total Word Count

149 Number of Unique Words

58 (38.67 %) of the 150 HSK 2 words are used in this Story

91.12 %   of the Story comprise of the Extended HSK 1&2 words

17 New Words

New Words	Pinyin	Explanation
只	zhǐ	Only, merely, just
小王	Xiǎo Wáng	Xiao Wang
小亮	Xiǎo liàng	Xiao Liang
坏	huài	Spoiled, bad
大声	dàshēng	Loud
跟	gēn	With, follow
到底	dàodǐ	In the end
先	xiān	Prior, first, in advance
如果	rú guǒ	If, in case, in the event that
起来	qǐlái	to stand up, to get up
才	cái	Only, just
怎么办	zěnme bàn	What to do
养	yǎng	Raise (pets)
又	yòu	Also

哭	kū	Cry
地	de	structural particle: used before a verb or adjective, linking it to preceding modifying adverbial adjunct
突然	túrán	Suddenly

[9] Xiao Wang
小王

小亮家的旁边有一个咖啡馆儿。他每天都要去咖啡馆儿喝杯咖啡才去上班。有一天，他正在喝咖啡的时候，听到有两个女人很大声地说话。

女一：你为什么这样对我？我到底做错了什么？你慢慢的告诉我，好吗？

女二：你为什么在公司里说我的坏话？！

女一：我什么都没说啊！我从外国回来后就非常忙，我有这么多事情没做完，休息的时间都没有，我哪儿来时间说你的坏话。

女二：因为你说我的坏话，所以小王不再跟我说话了！从你在外国回来到现在，我还没有看见小王也没跟他说话。

女一：我真的不知道你在说什么。到底是什么事情啊？我只想做好人帮助你啊！

那个女人哭着说话，小亮听不到她在说什么了。小亮喝完了他的咖啡后，看一下手表，已经九点，要去上班了。突然，那两个女人又说得大声起来。

女二：不可能，小王一直都很喜欢我的。但是现在小王看也不看我。都是你的错！

女一：你哪儿可以这样说话呢？我对小王真的很好啊！

女二：是因为你对小王太好了！现在小王不听我的！

女一：你知道小王是怎么样的。小王谁的话都不听！

女二：不是！在你没出国前，我一叫小王，小王就会过来坐到我的旁边。我们什么事情都一起做。但是从你在外国回来后我只看到小王一次。我今天都还没看过小王！已经两天了！小王是我最爱的，你懂吗！？现在小王走了，我怎么办？

女一：我懂，我懂！我比别人懂得多！

女二：你这是什么意思？

女一：没什么意思。你要不要我去找小王回来呢？

小亮：对不起。我正在路过听到你们说话。这个小王如果不爱你的话，你不要不高兴啊！他走了就让他走吧。你可以找别的男人做你的男朋友。

女二：你在说什么？小王不是我的男朋友，它是我们公司的狗啊！

小亮：但是你才说你们。。。对不起，我多事，听错了。

女二：小王两个星期大的时候，是我拿它回来养的。我很爱它。我出国的时候就叫我这个朋友看着它。我回来的时候，小王看都不看我啊！

女一：我没做什么错啊！

小亮：对不起，看来你们很忙，我先走。

小亮看见咖啡馆儿的门开着，就跑了出去，没等这两个女人说话。

Pinyin and Translation [9]

小亮家的旁边有一个咖啡馆儿。他每天都要去咖啡馆儿喝杯咖啡才去上班。有一天，他正在喝咖啡的时候，听到有两个女人很大声地说话。

Xiǎo Liàng jiā de pángbiān yǒu yīgè kāfēi guǎn er. Tā měitiān dū yào qù kāfēi guǎn er hē bēi kāfēi cái qù shàngbān. Yǒu yītiān, tā zhèngzài hē kāfēi de shíhòu, tīng dào yǒu liǎng gè nǚrén hěn dàshēng de shuōhuà.

There is a cafe next to Xiao Liang's house. He goes to the cafe every day for a cup of coffee before he goes to work. One day, while he was drinking coffee, he heard two women talking loudly.

女一：你为什么这样对我？我到底做错了什么？你慢慢的告诉我，好吗？

Nǚ yī: Nǐ wèishéme zhèyàng duì wǒ? Wǒ dàodǐ zuò cuòle shénme? Nǐ màn man de gàosù wǒ, hǎo ma?

Woman 1: Why are you doing this to me? What did I do wrong? Just talk to me slowly, ok?

女二：你为什么在公司里说我的坏话？！

Nǚ èr: Nǐ wèishéme zài gōngsī lǐ shuō wǒ de huàihuà?!

Woman 2: Why did you talk bad about me in the office?!

女一：我什么都没说啊！我从外国回来后就非常忙，我有这么多事情没做完，休息的时间都没有，我哪儿来时间说你的坏话。

Nǚ yī: Wǒ shénme dōu méi shuō a! Wǒ cóng wàiguó huílái hòu jiù fēicháng máng, wǒ yǒu zhème duō shìqíng méi zuò wán, xiūxí de shíjiān dōu méiyǒu, wǒ nǎ'er lái shíjiān shuō nǐ de huàihuà.

Woman 1: I didn't say anything! I was swamped after I came back from overseas. I have a lot of unfinished work, and I have no time to rest. Where can I find time to talk about you?

女二：因为你说我的坏话，所以小王不再跟我说话了！从你在外国回来到现在，我还没有看见小王也没跟他说话。

Nǚ èr: Yīnwèi nǐ shuō wǒ de huàihuà, suǒyǐ Xiǎo Wáng bù zài gēn wǒ shuōhuàle! Cóng nǐ zài wàiguó huílái dào xiànzài, wǒ hái méiyǒu kànjiàn Xiǎo Wáng yě méi gēn tā shuōhuà.

Woman 2: Because you talked bad about me, Xiao Wang no longer talks to me! From the time you came back from abroad, I haven't seen Xiao Wang nor spoken to him.

女一：我真的不知道你在说什么。到底是什么事情啊？我只想做好人帮助你啊！

Nǚ yī: Wǒ zhēn de bù zhīdào nǐ zài shuō shénme. Dàodǐ shì shénme shìqíng a? Wǒ zhǐ xiǎng zuò hǎorén bāngzhù nǐ a!

Woman 1: I really don't know what you are talking about. What is going on? I am only trying to help you!

那个女人哭着说话，小亮听不到她在说什么了。小亮喝完了他的咖啡后，看一下手表，已经九点，要去上班了。突然，那两个女人又说得大声起来。

Nàgè nǚrén kūzhe shuōhuà, Xiǎo Liàng tīng bù dào tā zài shuō shénmeliǎo. Xiǎo Liàng hē wánliǎo tā de kāfēi hòu, kàn yīxià shǒubiǎo, yǐjīng jiǔ diǎn, yào qù shàngbānle. Túrán, nà liǎng gè nǚrén yòu shuō dé dàshēng qǐlái.

The woman cried and talked, Xiao Liang couldn't hear what she was talking about. After Xiao Liang finished drinking his coffee, he looked at his watch. It was already nine o'clock and he has to go to work. Suddenly, the two women spoke loudly again.

女二：不可能，小王一直都很喜欢我的。但是现在小王看也不看我。都是你的错！

Nǚ èr: Bù kěnéng, Xiǎo Wáng yīzhí dōu hěn xǐhuān wǒ de. Dànshì xiànzài Xiǎo Wáng kàn yě bù kàn wǒ. Dōu shì nǐ de cuò!

Woman 2: Impossible, Xiao Wang liked me very much. But now Xiao Wang does not even look at me. It is all your fault!

女一：你哪儿可以这样说话呢？我对小王真的很好啊！

Nǚ yī: Nǐ nǎ'er kěyǐ zhèyàng shuōhuà ne? Wǒ duì Xiǎo Wáng zhēn de hěn hǎo a!

Woman 1: How can you say this? I am really good to Xiao Wang!

女二：是因为你对小王太好了！现在小王不听我的！

Nǚ èr: Shì yīnwèi nǐ duì Xiǎo Wáng tài hǎole! Xiànzài Xiǎo Wáng bù tīng wǒ de!

Woman 2: It is because you are too good to Xiao Wang! Now Xiao Wang does not even listen to me!

女一：你知道小王是怎么样的。小王谁的话都不听！

Nǚ yī: Nǐ zhīdào Xiǎo Wáng shì zěnme yàng de. Xiǎo Wáng shéi dehuà dōu bù tīng!

Woman 1: You know what Xiao Wang is like. Xiao Wang does not listen to anybody!

女二：不是！在你没出国前，我一叫小王，小王就会过来坐到我的旁边。我们什么事情都一起做。但是从

XIAO WANG

你在外国回来后我只看到小王一次。我今天都还没看过小王！已经两天了！小王是我最爱的，你懂吗！？现在小王走了，我怎么办？

Nǚ èr: Bùshì! Zài nǐ méi chūguó qián, wǒ yī jiào Xiǎo Wáng, Xiǎo Wáng jiù huì guòlái zuò dào wǒ de pángbiān. Wǒmen shénme shìqíng dōu yīqǐ zuò. Dànshì cóng nǐ zài wàiguó huílái hòu wǒ zhǐ kàn dào Xiǎo Wáng yīcì. Wǒ jīntiān dū hái méi kànguò Xiǎo Wáng! Yǐjīng liǎng tiānle! Xiǎo Wáng shì wǒ zuì ài de, nǐ dǒng ma!? Xiànzài Xiǎo Wáng zǒule, wǒ zěnme bàn?

Woman 2: No! Before you went abroad, when I called Xiao Wang, Xiao Wang would come over and sit next to me. We do everything together. But after you came back from abroad, I only saw Xiao Wang once. Today, I haven't seen Xiao Wang yet! It has been two days! Xiao Wang is my favourite, you know!? Now that Xiao Wang is gone, what should I do?

女一：我懂，我懂！我比别人懂得多！

Nǚ yī: Wǒ dǒng, wǒ dǒng! Wǒ bǐ biérén dǒngdé duō!

Woman 1: I understand, I understand! I understand much more than anyone else!

女二：你这是什么意思？

Nǚ èr: Nǐ zhè shì shénme yìsi?

Woman 2: What do you mean by this?

女一：没什么意思。你要不要我去找小王回来呢？

Nǚ yī: Méishénme yìsi. Nǐ yào bùyào wǒ qù zhǎo Xiǎo Wáng huílái ne?

Woman 1: I didn't mean anything. Do you want me to go look for Xiao Wang?

小亮：对不起。我正在路过听到你们说话。这个小王如果不爱你的话，你不要不高兴啊！他走了就让他走吧。你可以找别的男人做你的男朋友。

Xiǎo Liàng: Duìbùqǐ. Wǒ zhèngzài lùguò tīng dào nǐmen shuōhuà. Zhège Xiǎo Wáng rúguǒ bù ài nǐ dehuà, nǐ bùyào bù gāoxìng a! Tā zǒule jiù ràng tā zǒu ba. Nǐ kěyǐ zhǎo bié de nánrén zuò nǐ de nán péngyǒu.

Xiao Liang: Sorry. I am passing by and heard both of you talking. If this Xiao Wang doesn't love you, don't be upset! Let him go. You can find another man to be your boyfriend.

女二：你在说什么？小王不是我的男朋友，它是我们公司的狗啊！

Nǚ èr: Nǐ zài shuō shénme? Xiǎo Wáng bùshì wǒ de nán péngyǒu, tā shì wǒmen gōngsī de gǒu a!

Woman 2: What are you talking about? Xiao Wang is not my boyfriend, it is our company's dog!

小亮：但是你才说你们。。。对不起，我多事，听错了。

Xiǎo Liàng: Dànshì nǐ cái shuō nǐmen... Duìbùqǐ, wǒ duō shì, tīng cuòle.

Xiao Liang: But you just said you. . . Sorry, I heard wrongly, I got it wrong.

女二：小王两个星期大的时候，是我拿它回来养的。我很爱它。我出国的时候就叫我这个朋友看着它。我回来的时候，小王看都不看我啊！

Nǚ èr: Xiǎo Wáng liǎng gè xīngqí dà de shíhòu, shì wǒ ná tā huílái yǎng de. Wǒ hěn ài tā. Wǒ chūguó de shíhòu jiù jiào wǒ zhège péngyǒu kànzhe tā. Wǒ huílái de shíhòu, Xiǎo Wáng kàn dōu bù kàn wǒ a!

Woman 2: When Xiao Wang was two weeks old, I took it back and raised it. I love it very much. When I went abroad, I told this friend to look after it. When I came back, Xiao Wang doesn't want to look at me anymore!

女一：我没做什么错啊！

Nǚ yī: Wǒ méi zuò shénme cuò a!

Woman 1: I didn't do anything wrong!

小亮：对不起，看来你们很忙，我先走。

Xiǎo Liàng: Duìbùqǐ, kàn lái nǐmen hěn máng, wǒ xiān zǒu.

Xiao Liang: Sorry, it seems that you are very busy, I should go first.

小亮看见咖啡馆儿的门开着，就跑了出去，没等这两个女人说话。

Xiǎo Liàng kànjiàn kāfēi guǎn er de mén kāizhe, jiù pǎole chūqù, méi děng zhè liǎng gè nǚrén shuōhuà.

Xiao Liang saw the door is opened, so he ran out without waiting for the two women to reply.

Statistics for Story [10]

768 Total Word Count

174 Number of Unique Words

69 (46.0 %) of the 150 HSK 2 words are used in this Story

96.74 % of the Story comprise of the Extended HSK 1&2 words

15 New Words

New Words	Pinyin	Explanation
见	jiàn	See
如果	rú guǒ	If, in case, in the event that
应该	yīnggāi	Should, ought to
才	cái	Only, just
身上	shēnshang	Body
连不上	lián bù shàng	Can't connect
发生	fāshēng	Happen
感情	gǎnqíng	Relationship
分	fēn	Separate
先	xiān	Prior, first, in advance
怎么办	zěnme bàn	What to do
王	wáng	Surname Wang
生活	shēnghuó	livelihood
起来	qǐlái	to stand up, to get up
只	zhǐ	Only, merely, just

[10] Sister Ran Away
妹妹不见了

姓王的那家有四个人；哥哥，姐姐，妹妹和弟弟。虽然他们的爸爸妈妈已经不在了，但是他们都生活的不错。哥哥和姐姐已经开始工作；妹妹还在上大学，弟弟在小学读书。妹妹和弟弟还没开始工作。

他们一家人的感情非常好。没想到，会发生这一件事情。

今天早上，哥哥去上班了，姐姐一早起床洗衣服。因为今天是星期六，妹妹和弟弟都没去学校上课。姐姐做好早饭的时候，就叫妹妹和弟弟起床吃早饭。但是只看见弟弟从房间里出来，没看见妹妹。姐姐就走进妹妹的房间看一下。

妹妹的房间里没有人。姐姐就问弟弟有没有看见妹妹。弟弟说没有。姐姐走到外面看，也没看见妹妹。姐姐再次走进房间看有没有妹妹的手机。妹妹的手机不在，所以姐姐就打个电话给妹妹。

姐姐打了几次电话给妹妹，妹妹都没听，过了一下后，妹妹的电话连不上了。姐姐不知道怎么做。弟弟看见姐姐走来走去就问：

弟弟：姐姐，有什么事情吗？你为什么走来走去啊？

姐姐：妹妹不见了！我打给她的手机，她也没听。

弟弟：我们现在怎么办呢？

姐姐：让我打个电话给哥哥，告诉他妹妹不见了。

哥哥：喂，姐姐，有什么事情吗？我正在忙着工作。

姐姐：哥哥，妹妹不见了！今天早上就不见人了。我打电话给她，她也没听。我不知道怎么做。我想她是不是离家出走呢？

哥哥：什么？！不可能的。妹妹不会离家出走的。你听着，你哪儿都别去，我现在就回家。你们等我。

哥哥回到家后，就很快的走进妹妹的房间里看：

姐姐：妹妹还没回来。

哥哥：我昨天晚上还看到她进房间睡觉的，我看她应该是今天早上才出去。不会走的很远。她身上应该没什么钱，不会坐飞机的，所以我们不去机场了。我们一起去火车站找她吧。希望我们能快点儿找到她。弟弟，你在家里等妹妹。如果她回来，你就打个电话给我们。

弟弟：好吧。你们快点儿去吧。

姐姐：妹妹会不会打公共汽车呢？我们要不要去车站也看一下？

哥哥：因为火车站比公共汽车站近，所以我们先去火车站找妹妹。

到了火车站：

哥哥：姐姐，这个火车站很大，我们分开找妹妹。你去右边找她，我去左边找她。如果有什么事情，你就打个电话过来。

姐姐：好吧。

他们找了两个小时后：

哥哥：怎么样？

姐姐：没有人看见妹妹。她会不会打公共汽车呢？

哥哥：等一下。弟弟打电话过来了。喂，弟弟，有什么事情？

妹妹：喂。哥哥，是我啊。我现在在家里。你们回来吧。

哥哥：你去了哪儿？大家正在找你啊。

妹妹：你们回来再说吧。

到了家里：

姐姐：你去哪儿啊？大家都去找你了。我们才从火车站回来。

妹妹：对不起。我今天早上去游泳了。因为你们还没起床，所以我就没叫你们起来。真的对不起！你们看，我一件衣服都没拿走，怎么会离家出走呢？你们想太多了。我为什么会离家出走呢？哥哥，姐姐，弟弟，我很爱你们的，你们知道吗？

姐姐：是我的错。我今天早上找不到你就想你会不会离家出走了。你为什么不听我的电话呢？如果你听的话就不会这样了。

妹妹：姐姐，我正在游泳啊，怎么可以拿着电话呢？

哥哥：好了好了。你回来就好了。妹妹，下次别这样了，出门的时候，你要让我们知道你去哪儿。懂吗？

妹妹：我懂了。

Pinyin and Translation [10]

姓王的那家有四个人；哥哥，姐姐，妹妹和弟弟。虽然他们的爸爸妈妈已经不在了，但是他们都生活的不错。哥哥和姐姐已经开始工作；妹妹还在上大学，弟弟在小学读书。妹妹和弟弟还没开始工作。

Xìng wáng dì nà jiā yǒu sì gèrén; gēgē, jiějiě, mèimei hé dìdì. Suīrán tāmen de bàba māmā yǐjīng bùzàile, dànshì tāmen dōu shēnghuó de bùcuò. Gēgē hé jiějiě yǐjīng kāishǐ gōngzuò; mèimei hái zài shàng dàxué, dìdì zài xiǎoxué dúshū. Mèimei hé dìdì hái méi kāishǐ gōngzuò.

There are four people in the family with the surname Wang; elder brother, elder sister, younger sister and younger brother. Although their mom and dad are not around anymore, they all live well. Elder brother and elder sister have started work; younger sister is still in college, and younger brother is studying in elementary school. Younger sister and younger brother have not started work yet.

他们一家人的感情非常好。没想到，会发生这一件事情。

Tāmen yījiā rén de gǎnqíng fēicháng hǎo. Méi xiǎngdào, huì fāshēng zhè yī jiàn shìqíng.

The family's relationship is very good. No one expected the following happened.

SISTER RAN AWAY

今天早上，哥哥去上班了，姐姐一早起床洗衣服。因为今天是星期六，妹妹和弟弟都没去学校上课。姐姐做好早饭的时候，就叫妹妹和弟弟起床吃早饭。但是只看见弟弟从房间里出来，没看见妹妹。姐姐就走进妹妹的房间看一下。

Jīntiān zǎoshang, gēgē qù shàngbānle, jiějiě yīzǎo qǐchuáng xǐ yīfú. Yīn wéi jīntiān shì xīngqíliù, mèimei hé dìdì dōu méi qù xuéxiào shàngkè. Jiějiě zuò hǎo zǎofàn de shíhòu, jiù jiào mèimei hé dìdì qǐchuáng chī zǎofàn. Dànshì zhǐ kànjiàn dìdì cóng fángjiān lǐ chūlái, méi kànjiàn mèimei. Jiějiě jiù zǒu jìn mèimei de fángjiān kàn yīxià.

This morning, elder brother went to work, and elder sister got up early to wash clothes. Because today is Saturday, younger sister and younger brother have not gone to school. After elder sister finished cooking breakfast, she called younger sister and younger brother to get up for breakfast. But only younger brother came out of his room and didn't see younger sister. Elder sister went into younger sister's room to take a look.

妹妹的房间里没有人。姐姐就问弟弟有没有看见妹妹。弟弟说没有。姐姐走到外面看，也没看见妹妹。姐姐再次走进房间看有没有妹妹的手机。妹妹的手机不在，所以姐姐就打个电话给妹妹。

Mèimei de fángjiān lǐ méiyǒu rén. Jiějiě jiù wèn dìdì yǒu méiyǒu kànjiàn mèimei. Dìdì shuō méiyǒu. Jiějiě zǒu dào wàimiàn kàn, yě méi kànjiàn mèimei. Jiějiě zàicì zǒu jìn fángjiān kàn yǒu méiyǒu mèimei de shǒujī. Mèimei de shǒujī bùzài, suǒyǐ jiějiě jiù dǎ gè diànhuà gěi mèimei.

There is no one in younger sister's room. Elder sister asked younger brother if he saw younger sister. Younger brother said no. Elder sister went outside to take a look and younger sister is nowhere to be seen. Elder sister went into the room again to see if younger sister's mobile phone is there. Younger sister's mobile phone is not there, so elder sister called younger sister.

姐姐打了几次电话给妹妹，妹妹都没听，过了一下后，妹妹的电话连不上了。姐姐不知道怎么做。弟弟看见姐姐走来走去就问：

Jiějiě dǎle jǐ cì diànhuà gěi mèimei, mèimei dōu méi tīng, guòle yīxià hòu, mèimei de diànhuà lián bù shàngle. Jiějiě bù zhīdào zěnme zuò. Dìdì kànjiàn jiějiě zǒu lái zǒu qùjiù wèn:

Elder sister called younger sister a few times, and younger sister didn't answer. After a while, younger sister's phone couldn't connect anymore. Elder sister doesn't know what to do. The younger brother saw his elder sister run around so he asked:

弟弟：姐姐，有什么事情吗？你为什么走来走去啊？

Dìdì: Jiějiě, yǒu shé me shìqíng ma? Nǐ wèishéme zǒu lái zǒu qù a?

Younger Brother: Sister, is everything ok? Why are you running around?

姐姐：妹妹不见了！我打给她的手机，她也没听。

Jiějiě: Mèimei bùjiànle! Wǒ dǎ gěi tā de shǒujī, tā yě méi tīng.

Elder Sister: Younger sister is gone! I called her mobile phone and she didn't answer.

弟弟：我们现在怎么办呢？

Dìdì: Wǒmen xiànzài zěnme bàn ne?

Younger Brother: What do we do now?

姐姐：让我打个电话给哥哥，告诉他妹妹不见了。

Jiějiě: Ràng wǒ dǎ gè diànhuà gěi gēgē, gàosù tā mèimei bùjiànle.

Elder Sister: Let me call elder brother and tell him that younger sister is gone.

哥哥：喂，姐姐，有什么事情吗？我正在忙着工作。

Gēgē: Wèi, jiějiě, yǒu shé me shìqíng ma? Wǒ zhèngzài mángzhe gōngzuò.

Elder Brother: Hey, elder sister, is there anything? I am busy working.

姐姐：哥哥，妹妹不见了！今天早上就不见人了。我打电话给她，她也没听。我不知道怎么做。我想她是不是离家出走呢？

Jiějiě: Gēgē, mèimei bùjiànle! Jīntiān zǎoshang jiù bùjiàn rénle. Wǒ dǎ diànhuà gěi tā, tā yě méi tīng. Wǒ bù zhīdào zěnme zuò. Wǒ xiǎng tā shì bùshì lí jiā chūzǒu ne?

Elder Sister: Elder brother, younger sister is gone! I haven't seen her this morning. I called her and she didn't answer. I do not know what to do. I wonder if she had ran away from home?

哥哥：什么？！不可能的。妹妹不会离家出走的。你听着，你哪儿都别去，我现在就回家。你们等我。

Gēgē: Shénme?! Bù kěnéng de. Mèimei bù huì lí jiā chūzǒu de. Nǐ tīngzhe, nǐ nǎ'er dōu bié qù, wǒ xiànzài jiù huí jiā. Nǐmen děng wǒ.

Elder Brother: What?! Impossible. Younger sister will not run away from home. Listen, don't go anywhere, I am coming home now. You all wait for me.

哥哥回到家后，就很快的走进妹妹的房间里看：

Gēgē huí dàojiā hòu, jiù hěn kuài de zǒu jìn mèimei de fángjiān lǐ kàn:

When elder brother came home, he quickly went into younger sister's room to take a look:

姐姐：妹妹还没回来。

Jiějiě: Mèimei hái méi huílái.

Elder Sister: Younger sister is not back yet.

哥哥：我昨天晚上还看到她进房间睡觉的，我看她应该是今天早上才出去。不会走的很远。她身上应该没什么钱，不会坐飞机的，所以我们不去机场了。我们一起去火车站找她吧。希望我们能快点儿找到她。弟弟，你在家里等妹妹。如果她回来，你就打个电话给我们。

Gēgē: Wǒ zuótiān wǎnshàng hái kàn dào tā jìn fángjiān shuìjiào de, wǒ kàn tā yīnggāi shì jīntiān zǎoshang cái chūqù. Bù huì zǒu de hěn yuǎn. Tā shēnshang yīnggāi méishénme qián, bù huì zuò fēijī de, suǒyǐ wǒmen bù qù jīchǎngle. Wǒmen yīqǐ qù huǒchē zhàn zhǎo tā ba. Xīwàng wǒmen néng kuài diǎn er zhǎodào tā. Dìdì, nǐ zài jiālǐ děng mèimei. Rúguǒ tā huílái, nǐ jiù dǎ gè diànhuà gěi wǒmen.

Elder Brother: Last night, I saw her going to her room to sleep. I think she must have just left this morning, she wouldn't have gone very far. She wouldn't have a lot of money on her and would not take the plane, so we won't go to the airport. Let's go to the train station and look for her. I hope we can find her soon. Younger brother, you wait for younger sister at home. Call us if she returns.

弟弟：好吧。你们快点儿去吧。

Dìdì: Hǎo ba. Nǐmen kuài diǎn er qù ba.

Younger Brother: Ok. Please hurry.

姐姐：妹妹会不会打公共汽车呢？我们要不要去车站也看一下？

Jiějiě: Mèimei huì bù huì dǎ gōnggòng qìchē ne? Wǒmen yào bùyào qù chēzhàn yě kàn yīxià?

Elder Sister: Would younger sister has taken a bus instead? Should we go to the bus station and take a look?

哥哥：因为火车站比公共汽车站近，所以我们先去火车站找妹妹。

Gēgē: Yīnwèi huǒchē zhàn bǐ gōnggòng qìchē zhàn jìn, suǒyǐ wǒmen xiān qù huǒchē zhàn zhǎo mèimei.

Elder Brother: Because the train station is closer than the bus station, we should go to the train station first.

到了火车站：

Dàole huǒchē zhàn:

At the train station:

哥哥：姐姐，这个火车站很大，我们分开找妹妹。你去右边找她，我去左边找她。如果有什么事情，你就打个电话过来。

Gēgē: Jiějiě, zhège huǒchē zhàn hěn dà, wǒmen fēnkāi zhǎo mèimei. Nǐ qù yòubiān zhǎo tā, wǒ qù zuǒbiān zhǎo tā. Rúguǒ yǒu shé me shìqíng, nǐ jiù dǎ gè diànhuà guòlái.

Elder Brother: Elder sister, this train station is very big, we look for her separately. You go to the right and I go to the left to look for her. Call if there is anything.

姐姐：好吧。

Jiějiě: Hǎo ba.

Elder Sister: Ok.

他们找了两个小时后：

Tāmen zhǎole liǎng gè xiǎoshí hòu:

They looked for two hours:

哥哥：怎么样？

Gēgē: Zěnme yàng?

Elder Brother: How?

姐姐：没有人看见妹妹。她会不会打公共汽车呢？

姐姐：没有人看见妹妹。她会不会打公共汽车呢？

Jiějiě: Méiyǒu rén kànjiàn mèimei. Tā huì bù huì dǎ gōnggòng qìchē ne?

Elder Sister: No one saw her. Would she have taken a bus?

哥哥：等一下。弟弟打电话过来了。喂，弟弟，有什么事情？

Gēgē: Děng yīxià. Dìdì dǎ diànhuà guòláile. Wèi, dìdì, yǒu shé me shìqíng?

Elder Brother: Wait a minute. Younger brother called. Hello, younger brother, what's the matter?

妹妹：喂。哥哥，是我啊。我现在在家里。你们回来吧。

Mèimei: Wèi. Gēgē, shì wǒ a. Wǒ xiànzài zài jiālǐ. Nǐmen huílái ba.

Sister: Hello. Elder brother, it is me. I'm at home. Please come back.

哥哥：你去了哪儿？大家正在找你啊。

Gēgē: Nǐ qùle nǎ'er? Dàjiā zhèngzài zhǎo nǐ a.

Elder Brother: Where have you been? Everyone is looking for you.

妹妹：你们回来再说吧。

Mèimei: Nǐmen huílái zàishuō ba.

Younger Sister: Come back and we will talk.

到了家里：

Dàole jiālǐ:

At home:

姐姐：你去哪儿啊？大家都去找你了。我们才从火车站回来。

Jiějiě: Nǐ qù nǎ'er a? Dàjiā dōu qù zhǎo nǐle. Wǒmen cái cóng huǒchē zhàn huílái.

Elder Sister: Where have you been? Everyone is looking for you. We just got back from the train station.

妹妹：对不起。我今天早上去游泳了。因为你们还没起床，所以我就没叫你们起来。真的对不起！你们看，我一件衣服都没拿走，怎么会离家出走呢？你们想太多了。我为什么会离家出走呢？哥哥，姐姐，弟弟，我很爱你们的，你们知道吗？

Mèimei: Duìbùqǐ. Wǒ jīntiān zǎoshang qù yóuyǒngle. Yīnwèi nǐmen hái méi qǐchuáng, suǒyǐ wǒ jiù méi jiào nǐmen qǐlái. Zhēn de duìbùqǐ! Nǐmen kàn, wǒ yī jiàn yīfú dōu méi ná zǒu, zěnme huì lí jiā chūzǒu ne? Nǐmen xiǎng tài duōle. Wǒ wèishéme huì lí jiā chūzǒu ne? Gēgē, jiějiě, dìdì, wǒ hěn ài nǐmen de, nǐmen zhīdào ma?

Younger Sister: Sorry. I went swimming this morning. Because you haven't gotten up yet, I didn't tell you. I am sorry! You see, I have not taken any clothes, how can I be running away from home? You overthink. Why do I run away from home? Elder brother, elder sister, younger brother, I love you all very much, do you know?

姐姐：是我的错。我今天早上找不到你就想你会不会离家出走了。你为什么不听我的电话呢？如果你听的话就不会这样了。

Jiějiě: Shì wǒ de cuò. Wǒ jīntiān zǎoshang zhǎo bù dào nǐ jiù xiǎng nǐ huì bù huì lí jiā chūzǒule. Nǐ wèishéme bù tīng wǒ de diànhuà ne? Rúguǒ nǐ tīng dehuà jiù bù huì zhèyàngle.

Elder Sister: It is my fault. I can't find you this morning and I wonder if you have left home. Why didn't you answer my calls? If you had answered, it won't be like this.

妹妹：姐姐，我正在游泳啊，怎么可以拿着电话呢？

Mèimei: Jiějiě, wǒ zhèngzài yóuyǒng a, zěnme kěyǐ názhe diànhuà ne?

Younger Sister: Elder sister, I was swimming, how can I take the phone with me?

SISTER RAN AWAY

哥哥：好了好了。你回来就好了。妹妹，下次别这样了，出门的时候，你要让我们知道你去哪儿。懂吗？

Gēgē: Hǎole hǎole. Nǐ huílái jiù hǎole. Mèimei, xià cì bié zhèyàngle, chūmén de shíhòu, nǐ yào ràng wǒmen zhīdào nǐ qù nǎ'er. Dǒng ma?

Elder Brother: It's okay. You are back now. Younger sister, don't do this next time. When you go out, let us know where you are going. Do you understand?

妹妹：我懂了。

Mèimei: Wǒ dǒngle.

Younger Sister: I understand.

Appendix A HSK 2 Vocabulary

Words	Pinyin	Explanation
吧	ba	used at the end of a sentence to indicate consultation, suggestion, request or command
白	bái	white
百	bǎi	hundred
帮助	bāngzhù	to help, to assist, to aid
报纸	bàozhǐ	newspaper
比	bǐ	than, (superior or inferior) to
别	bié	don't
宾馆	bīnguǎn	hotel
长	cháng	long
唱歌	chànggē	to sing
出	chū	to come/to go out
穿	chuān	to wear, to put on
次	cì	(number of) times
从	cóng	from
错	cuò	wrong, incorrect
打篮球	dǎ lánqiú	to play basketball
大家	dà jiā	all, everybody
但是	dàn shì	but, still, yet

Words	Pinyin	Explanation
到	dào	to arrive, to reach
得	dé	used after a verb or an adjective to introduce a complement of result or degree
等	děng	to wait, to await
弟弟	dìdì	young brother
第一	dì yī	first
懂	dǒng	to understand, to know
对	duì	(used before a noun or pronoun) to, for
房间	fángjiān	room
非常	fēicháng	very, extremely
服务员	fúwùyuán	attendant, waiter/waitress
高	gāo	tall, high
告诉	gàosù	to tell
哥哥	gēgē	elder brother
给	gěi	(used after a verb) to, for
公共汽车	gōnggòng qìchē	bus
公司	gōngsī	company, firm
贵	guì	expensive
还	hái	also, still, yet
孩子	háizi	child, kid

Words	Pinyin	Explanation
好吃	hào chī	delicious, tasty
黑	hēi	black
红	hóng	red
火车站	huǒchē zhàn	train station
机场	jīchǎng	airport
鸡蛋	jīdàn	(hen's) egg
件	jiàn	(used for clothes) piece
觉得	juédé	to think, to feel
教室	jiàoshì	classroom
姐姐	jiějiě	elder sister
介绍	jièshào	to introduce, to recommend
进	jìn	to enter, to come/go in
近	jìn	near, close
就	jiù	emphasize the time is short or early
咖啡	kāfēi	coffee
开始	kāishǐ	to begin, to start
考试	kǎoshì	test, exam
可能	kěnéng	maybe, perhaps, probably
可以	kěyǐ	can, may, possible
课	kè	class, lesson
快	kuài	quick, fast
快乐	kuàilè	happy, glad

Words	Pinyin	Explanation
累	lèi	tired
离	lí	to be away from
两	liǎng	two
零	líng	zero
路	lù	road, path, way
旅游	lǚyóu	to travel, to take a trip
卖	mài	to sell
慢	màn	slow
忙	máng	busy
每	měi	every, each
妹妹	mèimei	younger sister
门	mén	door, gate
面条	miàntiáo	noodles
男	nán	man, male
您	nín	(polite) you
牛奶	niúnǎi	milk
女	nǚ	woman, female
旁边	pángbiān	beside
跑步	pǎobù	to run, to jog
便宜	piányí	cheap, inexpensive
票	piào	ticket
妻子	qīzi	wife

Words	Pinyin	Explanation
起床	qǐchuáng	to get up, to get out of bed
千	qiān	thousand
铅笔	qiānbǐ	pencil
晴	qíng	sunny, clear
去年	qùnián	last year
让	ràng	to let, to allow
日	rì	day, date
上班	shàngbān	to work
身体	shēntǐ	body
生病	shēngbìng	to fall ill, to be sick
生日	shēngrì	birthday
时间	shíjiān	time
事情	shìqíng	thing, matter, affair
手表	shǒubiǎo	watch
手机	shǒujī	mobile phone
说话	shuōhuà	to speak, to say, to talk
送	sòng	to send, to deliver
虽然	suīrán	although, though
所以	suǒyǐ	so, therefore
它	tā	it
踢足球	tī zúqiú	to play football
题	tí	question, problem

Words	Pinyin	Explanation
跳舞	tiàowǔ	to dance
外	wài	outer, inside
完	wán	to finish, to end
玩儿	wán er	to play, to have fun
晚上	wǎnshàng	evening, night
往	wǎng	to towards
为什么	wèi shéme	why
问	wèn	to ask
问题	wèntí	question, problem
西瓜	xīguā	watermelon
希望	xīwàng	to hope, to wish
洗	xǐ	to wash, to bathe
小时	xiǎoshí	hour
笑	xiào	to smile to, to laugh
新	xīn	new
姓	xìng	family name, surname
休息	xiūxí	to have or take a rest
雪	xuě	snow
颜色	yánsè	colour
眼睛	yǎnjīng	eye
羊肉	yángròu	mutton
药	yào	medicine, drug

Words	Pinyin	Explanation
要	yào	to want to, would like to
也	yě	also, too
一下	yīxià	used after a verb, indicating an act or an attempt
已经	yǐjīng	already
一起	yīqǐ	together
意思	yìsi	meaning
因为	yīnwèi	because, since
阴	yīn	overcast, cloudy
游泳	yóuyǒng	to swim
右边	yòubiān	right, right side
鱼	yú	fish
远	yuǎn	far, distant
运动	yùndòng	sports, to do physical exercise, to work out
再	zài	again, once more
早上	zǎoshang	morning
丈夫	zhàngfū	husband
找	zhǎo	to look for
着	zhe	used to indicate a state
真	zhēn	really, indeed
正在	zhèngzài	in the process of
知道	zhīdào	to know

Words	Pinyin	Explanation
准备	zhǔnbèi	to plan
走	zǒu	to walk
最	zuì	most, to the greatest extent
左边	zuǒbiān	left side

Appendix B - Extended HSK 2 Vocabulary

Words	Pinyin	Explanation
白色	báisè	white
班	bān	class
帮	bāng	to help, to assist
不错	bùcuò	pretty good
茶馆儿	cháguǎn er	tea house
出院	chūyuàn	to be discharged from hospital
电视机	diànshì jī	television set
度	dù	degree, extent, limit, measure
房子	fángzi	house
粉	fěn	pink
黑色	hēisè	black
红色	hóngsè	red
更	gèng	more, further
公斤	gōngjīn	kg
过	guò	over, cross, pass
欢迎	huānyíng	welcome
鸡蛋面	jīdàn miàn	egg noodle
鸡肉	jīròu	chicken meat
接	jiē	pick up, receive, meet
经常	jīngcháng	often, frequently, regularly

Words	Pinyin	Explanation
咖啡馆儿	kāfēi guǎn er	café, coffee shop
路口	lùkǒu	crossing, crossroads
旅馆	lǚguǎn	hostel, hotel
米	mǐ	meter
面馆儿	miànguǎn er	noodle house
哪边	nǎ biān	which side
那边	nà biān	that side, over there
奶茶	nǎichá	milk tea
女孩儿	nǚhái ér	girl
拿	ná	take, hold
手	shǒu	hand
听歌	tīng gē	listening to songs
外面	wàimiàn	outside
洗手	xǐshǒu	wash hands
下班	xiàbān	get off work
新年	xīnnián	New Year
以后	yǐhòu	after, afterwards
有意思	yǒuyìsi	interesting, fun
游泳馆	yóuyǒng guǎn	swimming pool
一直	yīzhí	always, continuously, all along
长	zhǎng	grow up
早饭	zǎofàn	breakfast
这边 / 这儿	zhè biān / zhè'er	here
自行车	zìxíngchē	bicycle

Audio Files Download

You may download all the audio files at:

https://allmusing.net/blog/hsk-2-storybook-vol-1-audio-files/156/

You will need to input the following **password** to download all the audio files.

RrW$8PUm7F

If you encounter any issues when downloading the files, please do not hesitate to email us at feedback@allmusing.net

Printed in Great Britain
by Amazon